U0946242

献给性格内向人的礼物

温爽 著

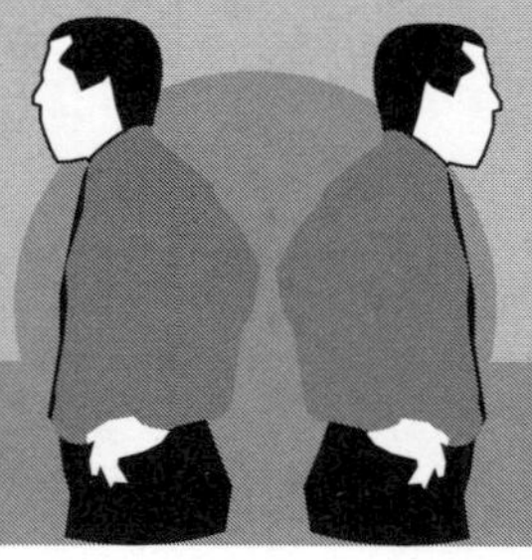

中国财富出版社

图书在版编目（CIP）数据

献给性格内向人的礼物/温爽著．—北京：中国财富出版社，2014.11

（华夏智库·金牌培训师书系）

ISBN 978-7-5047-5387-8

Ⅰ.①献…　Ⅱ.①温…　Ⅲ.①心理交往－通俗读物　Ⅳ.①C912.1-49

中国版本图书馆CIP数据核字（2014）第228947号

策划编辑	刘淑娟	**责任印制**	方朋远
责任编辑	刘淑娟	**责任校对**	杨小静

出版发行	中国财富出版社		
社　　址	北京市丰台区南四环西路188号5区20楼　**邮政编码**　100070		
电　　话	010-52227568（发行部）		010-52227588转307（总编室）
	010-68589540（读者服务部）		010-52227588转305（质检部）
网　　址	http://www.cfpress.com.cn		
经　　销	新华书店		
印　　刷	北京京都六环印刷厂		
书　　号	ISBN 978-7-5047-5387-8/C·0180		
开　　本	710mm×1000mm　1/16	**版　　次**	2014年11月第1版
印　　张	13.25	**印　　次**	2014年11月第1次印刷
字　　数	190千字	**定　　价**	32.00元

推荐序

毕业20年同学聚会上，大家热切交流。有位女同学，已经做到建材行业的龙头老大，当之无愧的成功人士，行事低调，为人谦和。问起她的成功之道，她的分享很简单，但在同学之中引起很大共鸣。其中她谈到，自己非常感恩。因为一路走来，除了自己的努力，她感触最深的是一生遇到很多贵人。每当自己需要帮助的时候，总能找到帮助自己的人。所以，她现在也乐意帮助别人。

随后，我们细细探讨这个话题，为什么别人愿意帮助你，你现在又愿意帮助哪些人？

这位成功同学回忆自己在大学期间，一个农村来的女孩，既不漂亮也没背景，自己大学期间最爱做的就是参与各种班级、系里、学校的活动，从给师兄师姐打杂，到自己指导师弟师妹工作。其间认识了很多人，拥有了很多朋友。本来毕业时包分配，但由于受到一位南下师兄的指引，毅然来到深圳，勇敢地走出第一步。初到深圳，自己一点儿也不感到孤单，就是因为有熟悉的朋友。

她还提到在创业路上，得到很多陌生人的帮助。一开始自己也不清楚陌生的朋友为什么愿意帮自己，只是觉得或许是自己运气好，总能遇到贵人。当自己有了一定基础之后，也会有人求助于她，她也会帮助其中一些人。慢慢地她感觉到，其实心态健康、素质良好的人内心深处都是乐意帮助别人的，因为给予是快乐的。人们会更乐意帮助那些有想法并努力付诸实施的人，因为他们希望感受到帮助别人的成就感。也就是说，在人与人相处中，别人是否帮助自己，更多时候取决于自己是否能感染别人并让别人乐于帮助你，乐于为你提供举手之劳。

如今，“网络时代”和“圈子时代”已经到来，如何才能更好地迎合这个时代呢？“个人英雄”和“单打独斗”显然已经过时。从事人力资源工作多年以后，逐渐发现：一个人，要成才，需要能力；要成功，需要人脉。古语说得好：“一个好汉三个帮。”在外企工作多年，更感受到老外其实一样非常重视“人脉”，Networking（人际交往）同样是外企高管们挂在嘴边的重要内容。

很开心读到《献给性格内向人的礼物》一书，书中将人们需要多年领悟的道理变成可以操作的流程和手册。本书的价值不仅仅是旁征博引人脉的重要性，更是细致入微地提供了很多可实操的工具。相信这份盛宴能给予更多人更直接更有效的帮助。

作者温爽，是让我感觉“可爱”和“值得信赖”的“小朋友”。他的出身并不高贵，甚至有些低微，但他身上始终散发着正能量，使得他能聚集很多人气，总能遇到“贵人”相助，他的事业也蒸蒸日上，通过本书，我才感受到小温取得成就的重要“秘诀”——人脉。

总之，《献给性格内向人的礼物》一书是很多渴望成功的人士值得一读的。

麦当劳前任人力资源总监　刘阳

2014 年 5 月

前　言

商业伦理学告诉我们，商业最终是人与人之间的商业活动，商业最终的原点是人。有人参与就会有关系产生，尤其在重视情感、重视关系的中国！人脉即财脉！懂得这个深刻道理的，不仅仅是中国人，也不仅仅是小商小贩。前世界首富比尔·盖茨早深谙此道！并以最直接的人脉关系，做成了平生的第一笔单。

比尔·盖茨20岁时还是名在大学读书的学生，没有太多的人脉资源，就是利用他母亲的关系，签到了第一份合约，这份合约是跟当时世界第一强的电脑公司IBM签的，从而赚到了他人生的第一桶金，完成了资本的原始积累，为他之后开创的辉煌奠定了基础。

比尔·盖茨利用自己亲人的人脉关系掘取了第一桶金，他还利用合伙人的人脉使事业跨上一个新的台阶。他最重要的合伙人——保罗·艾伦及史蒂夫·鲍默尔，为微软贡献了他们的聪明才智，也贡献他们的人脉资源。现任微软CEO的史蒂夫·鲍默尔的人脉资源使微软能够找到更多的技术精英和大客户。1998年7月，史蒂夫·鲍默尔出任微软总裁，随即前往美国硅谷约见自己熟知的10个公司的CEO，劝说他们与微软成为盟友。这一行动为微软扩大市场扫除了许多障碍。

人脉资源对自己事业成功的重要性是很多成功人士的共识。美国成功学大师卡耐基经过长期研究得出结论："专业知识在一个人成功中的作用只占15%，而其余的85%则取决于人际关系。"斯坦福研究中心也曾经发表一份调查报告，结论指出：一个人赚的钱，12.5%来自知识，87.5%来自关系。二者的结论不谋而合，所以，无论你在什么领域，从事什么职业，学会处理人际关系，掌握并拥有丰厚的人脉资源，你就在成功路上走了85%的路程。在好莱坞，流行一句话："一个人能否成功，不在于你知道什么（what you know），而是在于你认识谁（whom you know）。"这句话并非说不需要专业知识，而是强调："人脉是一个人通往财富、成功的入门票。"

台湾证券投资界的杨耀宇将人脉系统发挥到了极致。他曾是统一投资顾问的副总，后退出，为朋友担任财务顾问，同时担任五家电子公司的董事。其身价近亿元。为什么凭他一名从台湾南部北上打拼的乡下小孩，能够快速积累财富？杨耀宇说："我的人脉网络遍及各个领域，上千、上万条，数也数不清。有时候，一通电话抵得上十份研究报告。"

现实生活中，人与人之所以差距如此之大，和自己的"人脉"有很大关系。一个人的力量是有限的，要想获得成功，就得找到能够帮助你的贵人，俗话说："读万卷书，不如行万里路；行万里路，不如阅人无数；阅人无数，不如高人指路。"社会中诸多的"同乡会"、各种晚宴以及名目繁多的party，他们真的仅是简单的聚会吗？当然不是，他们是为了结识更多的朋友，积累更多的人脉。那些穿着正装开着高级轿车在各名牌大学校园里参加各种学习班的商务人士，增加学识只是一方面，更重要的是为了广交朋友，拓展自己的人脉圈，从而壮大自己的事业。而那些"企业家班""金融家班""MBA班"的学生，交朋友可能比学知识更为重要。

人脉才是王道，我们应该利用人脉缔造我们事业的辉煌！希望本书的出版为那些还在成功路上苦苦探索、艰难跋涉的人们带来一些启示！

在此感谢我最亲密的合作伙伴对本书的支持：刘江平、王小靳、许燕珠、王俊松、肖素梅、高科、黄奋太、练兴伟、周俊杰、顾飞霞、李启法、郭贤勇、卢定萍、胡逸梅、陈晓君、马梦云、张应、李佳、温小品、张丽君、韦联甫、冯华艳、黄凯宇、吕六六、周超、董彩虹、黄静雯、吴继芳、李恩、邓文、胡大为、张宝、朱景兵、陈颖丽、刘宁莀、江永欣、

欧艳、龙海军、邱耿知、朱丹、张杰、孙仕祥、康小红、郑微、程远安等。

作　者

2014 年 5 月

目　录

上篇　塑造和包装自我——你的形象价值万金

上篇　塑造和包装自我
——你的形象价值万金

影响我们人际关系的因素很多：有外界的，有自身的，但真正的因素在于我们自己，在于我们自身的塑造。在于我们是以一种怎样的形象出现在他人面前，在于我们是否拥有打动或者是吸引他人的个人魅力。俗话说得好，外因还需要内因起作用。我们要想缔结建立良好的人际关系，结交到改变自我一生命运的贵人，首先要做的就是改变自我。

第一章　盘点自己，看清长短得失

能否让陌生人变成自己生命中的贵人，并非等着贵人来提携你，而在于我们自己要创造出让贵人发现你，并觉得你值得提携的机会。客观地认清自我，发现自我的优缺点，表面上是在完善自我，事实上也是在创造一个让贵人走进你、提携你的机会。

有什么别有大毛病，缺什么别缺精气神

在与他人交往过程中，除了一些难以宽恕的不良习惯之外，阻碍最大的莫过于自我的精神面貌，即精气神。通常，我们在与他人交往时是先从外部形态开始的，即从对方展现给我们的外在形象及精神气度开始的，如果“精气神”不佳，又怎能在他人心目中留下好的印象，又怎能有利于接下来的交往，并形成很好的人际关系呢?

一些不良的习惯、毛病较为容易克服，但是如何培养自我的精气神呢？只需在人际交往中摆正自我的态度即可。

如果我们在社交中无法改变别人对我们的态度，那么我们得首先改变对待自我的态度，这就是摆正自我的心态。现代社会，你要想在人际关系中立于不败之地，心态不正是万万不行的。

那么，在人际交往中，首先要拿出怎样的心态呢？两个字：自信。自信是人类的一大美德，是最能克敌制胜的法宝。自信可以鼓舞人。社交中，与一个充满自信的人来往，你会备感轻松愉快；即使遇到困难挫折，他们也会以乐观自信的态度去对待、克服，因为这种人格力量本身对别人

也是一种鼓舞。

自信是我们向世人展示的名片，是我们展示在众人面前的一种积极生活态度。这张名片使得我们能够将心中的阳光洒向朋友，驱除他们心中的消极因素。作为拥有良好人脉网的首要原则，自信的力量难以估算。学会培养自信，才能从容地面对生活中的各种磨难，为自己的成功奠定基础。

有一个大学生仅凭一张纸条打败了所有竞争者而谋得一份体面工作，并在短时间内为自己的人脉积蓄了众多资源，这张纸条的内容只透露出一个信息，那就是——自信。

在中国经济陷入大萧条的那段时期，很多人下岗失业，多数刚刚毕业的大学生更是为了找到一个合适的工作而苦恼。而就在这样一个大环境下，却有一个大四学生打败了所有的竞争对手，在一家很有名气的大公司里谋得了一份职业。这个学生并没有高人一等的专业能力，更没有丰富的工作经验。那么他到底是靠什么成功的呢？

面试那天，男孩虽然提前一个多小时就赶到那家公司，但是他发现前面排队的人已经不下30人。他心里很清楚，这个公司只需要一个名额。于是他灵机一动，写了一张便条交给让他填写资料的工作人员，并对她说："麻烦您帮我把这个纸条交给您公司的面试经理好吗？"工作人员非常诧异，但还是爽快地答应了男孩的请求。当经理打开纸条的时候，发现上面工工整整地写有一行字：您好！请您在面试第三十五号之前不要作出任何决定，因为我就是第三十五号。出于好奇，经理果然没有在三十五号之前决定录用的人选。当经理见到男孩的时候，只问了一个问题："能给我一个录用你的理由吗？"

男孩微微一笑，镇定地说："您知道，现在这个时期，任何地方都充满了恐惧和担心，人心总是飘忽不定的。虽然我本身并没有比其他人更加

优越的条件，但是我却有着一颗自信与坚定的心，而且仅仅凭着这一点，我相信在日后的工作中一定不会让您和公司感到失望，我更加相信您会给我和公司一个同样满意的答案的！”

最后，这个男孩不但被录用了，而且不到三个月，他便被提拔为经理助理。他的自信成功地展示在经理面前，毫不畏惧。假如不是那张便条，男孩很有可能会无功而返，更加重要的是，经理也只能成为他人生中一闪而现的过客，而不是自己的贵人。

因此，想要不断地给人脉注入新生力量，就别忽视了自信这个重要因素。自信不仅是一条做人的法则，而且还是一条社交的法则。

没有自信的人，不会得到别人的信任，当然别人也不会帮助他成功。作为一个想要获得人脉的年轻人，就应该培养自己的自尊自信，使自己即便从事别人认为“卑贱”的工作，人格也显得高贵，与各式各样的自卑绝缘。遗憾的是并非所有人都能够拥有自信，很多人终其一生，都不知自信为何物，浑浑噩噩地度日。因此，要想拥有自信，首先你必须学会对自己宽容。列出一张表格，写上你曾经顺利完成的事情，当你想到自己以往的成功案例时，自信心会随之倍增。

拥有足够的自信绝对可以使你在人际交往过程中成为一颗璀璨明星，这种光芒在照亮自己的同时，还能帮助你吸收到更多的能量，为你的人脉网建立更加有效的连接点，助你走向成功之路。

包玉刚一条破船闯大海，当年是人们茶余饭后的谈资。但他并不在意别人的怀疑和嘲笑，他相信自己会成功。他抓住有利时机，果断决策，不断发展壮大自己的事业，终于成为雄踞“世界船王”宝座的华人巨富。他所创立的“环球航运集团”，在世界各地设有20多家分公司，拥有200多艘船只，其载重量超过2000万吨。拥有资产达50亿美元，曾位居香港十大财团第三位。包玉刚的平地崛起，令世界上许多大企业家为之震惊。回顾他的成功道路，他在困难和挑战面前所表现出的坚定的信念，对我们每个人都会有有益的启示。

其实，包玉刚并不是航运家出身。中学毕业后，他当过学徒、伙计，后来又学做生意，曾过着寄人篱下的孤苦生活。31 岁时，包玉刚随全家迁到香港，他靠父亲仅有的一点资金，从事进出口贸易，但生意萧条。他拒绝了父亲要他投身房地产的要求，决心从事航运，亲朋好友纷纷劝阻他不要干傻事，因为航运业竞争激烈，风险极大。但是包玉刚却信心十足，因为他根据从事进出口贸易时获得的信息，坚信海运将会有广阔的发展前途。经过一番调研，他认为香港背靠大陆、通航世界，是商业贸易的集散地，其优越的地理环境有利于从事航运业。于是他决心开始搞海运，他相信自己能在大海上开创一番事业。于是，他抛开了他所熟悉的银行业、进出口贸易，投身于他并不熟悉的海运业。刚开始，条件确实非常困难。当时他连一条旧船也买不起，谁也不肯轻易把钱借给他，人们根本不相信他会成功。他四处借贷，却到处碰壁，虽然困难重重，但他经营航运的决心却更强了。后来，在一位朋友的帮助下，他终于贷款买来一条 20 年航龄的烧煤旧货船。从此，包玉刚就靠这条老船，扬帆起锚，跻身航运。

那么，在人脉交往中，我们该如何让自己变得自信一点呢？主要方法有以下几个：

1. 成功姿态法

即使在尚未达到目标之前，也应时刻保持成功者的姿态。如果你认为自己有朝一日获得成功后，要让太太戴镶有钻石的耳环或金手镯，要携带一只精致的钱包和一只漂亮的手提包，那么从今天起你就设法戴上或携带这些象征成功的东西。它们会使你此时此地就感觉到成功，也会使你在别人面前显得像个成功者。事实上，这是一种增强自信心的方式。

2. 形象化预想法

还有一种同样有效的做白日梦的方法，称为“形象化预想”。这种方法很简单，每天只花十分钟时间做一做，就能有所收益。

第一步，想象自己是一个成功者。比如，想象自己坐在豪华的办公室或会议室里，正在对手下的一批管理人员训话。他们专心致志，聆听着你的每一句话。

第二步，闭上眼睛，全身放松，尽可能地在脑子里构想上述情景，使你的成功者形象进一步具体化或者视觉化。这样持续十分钟，眼睛要始终闭着。你可能会走神，图像会消失。但即使这样也没关系，只要图像能再次出现就行了。图像中的某些细节，可能会发生变化，这意味着你的主司直觉的右半脑正在修正想象中的成功形象，使其更为现实。

经过一星期左右的“形象化预想”练习，你会发现自己的某些态度或行为已开始发生变化，可能是变得比较果断、比较轻松或比较热情了。

不管怎么说，这种变化表明你的直觉正在引导你慢慢地接近你想象中的而且渴望着的成功。

3. 自我推销法

世界著名拳王阿里在赛前总要自我推销。他告诉新闻界：“我将在五秒钟之内把对手打倒，他将会招架不住。”他说这句话究竟有何目的呢？其实只是在自我推销而已。他的对手听到这话，自信心开始动摇，不敢肯定自己。比赛前当裁判解说规则时，阿里便瞪着他的对手，像是告诉他，将给他颜色瞧瞧，这些都是他自我推销的一部分。

在你的一生中，将会有各种对手，各类障碍。你的每一个天，就好比在拳击赛中，你可以是胜利者，也可能被击败。那么为何不成为胜利者呢？这将会是更兴奋、更值得、更有趣的滋味。

4. 积极处理法

每个人都会遇到许多不愉快、令人尴尬的事或处在使人泄气的场合。

但成功者与不成功者以两种截然不同的态度来处理同一事件。不成功的人常把这些不愉快的事深深地埋在心底，他们不停地想着这事，怎么也摆脱不了这些事的纠缠。到夜晚，他们更是为这事烦恼。

自信的成功者，则完全采取另一种方法："我再也不要想它了。"成功者善于把积极的想法存入大脑。因为，存在大脑中的消极的、不愉快的思想，会使你感到忧虑、沮丧和低下，使你停滞不前，而眼睁睁地看着别人奋勇前进。

你应该这样做：当你一个人的时候，回忆愉快、积极的经历。把好消息全部存入你的大脑，这样做将提高你的自信心，给你以良好的自我感觉，也将帮助你的身体良性运转。

5. 自我认识法

赏识自我，就是尊重自己、悦纳自己，能够感受到自己存在的价值。正确的自我认知，能够找出并发挥好自身的特点与优势，"一招一式"的成功体验，使自信心得以积累。"成功不难"，"我也能成功"。在自信面前，困难和挫折显得十分渺小。

心中有自信，成功有动力。古人云：人不自信，谁人信之。建立自信，应该从相信自己，赏识自我做起。相信自己，就是对自己的认可和支持。"我能行"，"我也会成功"。积极的自我暗示，能够激起强烈的成功欲望，在战胜困难、实现目标的过程中，表现出果敢的勇气和必胜的信念。雅典奥运会男子110米栏金牌获得者，我国著名跨栏选手刘翔，越是在紧张激烈的大赛中，越是在竞争对手实力强大的情况下，越能表现出良好的心理素质，比赛成绩越优异，这正是个人自信的充分体现。阿基米德曾经说过："给我一个支点，我就能够撬动地球。"这是多么豪迈而自信的语言。自信，能够唤醒沉睡的潜能。

盘点自己是为了“知己”，设计人脉需要“知己”

扩大自己的人脉交际并不简单，首先必须解决一个问题：谁将是我下一个结交对象？换句话说，我要结交谁？毕竟在我们的面前，有性格各异的人，也有不同行业、有着不同优势所长的人。那么我们就要思考一下：我要找什么样的人与他结交？

找到自己想要结交的人不能随心所欲的，而要有一定依据。总的来说，有以下几点：

1. 根据自己的需求去选择

这是很多人在选择交友对象时最常有的心理——我需要什么样的人就去结交什么样的人。比如说，你最近可能需要一个娱乐圈的人帮助自己，那么你就会有意无意和娱乐圈的人结交，说不定就能找到需要的人。

当然，这种做法显得有些功利。如果我们始终使用这种方法去扩展人脉圈的话，我们的身边可能就只有合作伙伴，而没有真正的朋友了。合作伙伴确实能给我们带来不少的利益和成功的机会，但是人生一旦缺少了真正的朋友，也就会失去很多乐趣。因此，这种选择的方法只适合工作交际的选择。比如，选择合作的对象、自己的客户等。

2. 根据自己的兴趣爱好去选择

结交朋友，我们都喜欢“志同道合”的人。因为和这样的人“有话说”，容易成为“知己”，正所谓“人生若能得一知己，死而无憾”，由此，知己在我们的现实生活中的重要性可见一斑。特别是在现代社会，物欲横流，人与人之间经常出现利益纷争，一旦缺少了利益，一切都将失去原来的光彩，友情自然也就不复存在了。

那么生活在其中的我们，该如何为自己选择知己呢？有一个很好的、很直接的方法就是通过自己的兴趣爱好去选择。只要对方的兴趣爱好和我们的兴趣爱好相契合，那么我们和对方之间就很可能会成为知己。当然，这里只是说有可能，而不是绝对。因为在和对方交往的时候，我们还要注意一点：话到嘴边留三分。万一对方不适合做你的知己，我们就可以从容撤退，不必为自己所说的一些话而苦恼。

3. 根据对方人品去选择

无论是选择合作伙伴，还是选择人生知己，都必须注重一点：对方的人品。只有人品好的人，我们才能放心和他交往。毕竟，如果对方的人品不好，不但不能给我们带来任何的帮助，而且还会因为一些事情连累我们。虽然说为了朋友可以“两肋插刀”，但是我们应该分清楚，谁是我们真正的朋友，谁是我们应该“两肋插刀”的人。如果我们是为了一个本身人品就不好的人而“两肋插刀”，自然是不合适的，也是不值得的。因此在选择交往对象的时候，我们应该想方设法摸清对方的人品到底怎么样，然后再有针对性地去交往。

4. 根据对方的潜力去选择

这里的潜力是相对于现状而言的，这就是告诉我们在选择交往对象的时候，不要只看他眼前的状态，而要看到他以后的状况。例如：某人现在状况并不好，工作不稳定，收入相当低，被人认为是真正的底层。可是这个人非常有事业心，也非常勤奋，加上他天资聪明，日后很有可能是个大老板、成功人士。对于这样的人，我们也应该交，而且是更应该深交。想当年，胡雪岩资助王友龄，不就是这种情况吗？看人是否成功，不能只看当下的情况，还要有所前瞻，看到对方的潜力和未来。

5. 根据对方的人脉圈去选择

每个人都有属于自己的人脉圈，所以我们在选择交往对象的时候，也可以根据对方的人脉圈来进行。这其中包含两个方面的内容：

第一，看看对方身边都是一些什么人，以察看对方的人品。俗话说得好，要想知道一个人到底怎么样，看看他身边的朋友就知道了。如果对方身边都是一些不三不四的人，那么我们就可以猜测出，对方本身也不怎么样。如果对方身边净是一些成功人士、非常有教养的人，那么对方本身也不会差到哪里去。即便现在还没有成功，日后也必定能够成功。

第二，打入对方的人脉圈，找到可以结交的人。我们在选择交往对象的时候首先应该察看对方的人脉圈，看看是不是能为我们所用，我们是否能够进入。

总而言之，在人脉圈扩展之前，我们必须思考一个问题：谁是我们需要结交的人。只有把这个问题想清楚了，我们才能有针对性地开展结交行动。

明显是优势，但不一定都能用得上

现实生活中，每个人都有优劣势。也正因为如此，无论是在工作上，还是在生活上，都时时刻刻需要别人的帮助。从某种程度上来说，这也是我们扩大人脉圈的一个重要原因之一——用别人的优势来弥补我们的劣势。

那么我们到底该如何根据自己的劣势来找人呢？以下几点不妨学习一下：

1. 摒弃“志同道合”的交际方法

人们交朋友一般都喜欢找性情、志趣与自己比较相近的人，因为“志同道合”，比较容易成为朋友。不错，兴趣是拉近彼此之间关系非常有效的一个切入点，但是我们也应该看到：志同道合的交际方式会让自己的人脉圈变得非常狭窄，对自己的帮助也非常有限。毕竟大家都是这个圈子中的人，既起不到扩大视野的作用，也收不到互相引领的效果。最多就是相互切磋，发展人脉资源的空间相当有限。

然而，如果我们能从互补的角度出发，选择那些自己在某方面有缺陷，而对方恰巧在这一方面有所专长的人来发展关系，那么就会使我们在生意和做事上做到取人之长、补己之短，从而做出更大的贡献。

有一位著名的企业家，在为自己挑选助手时，就很喜欢选择那些个性与自己完全相反的人。例如，他自己常常横冲直撞，不拘小节，于是他就挑选一个深谋远虑，但是不肯轻易行动的助手；他自己是一个刚毅果敢的实干家，他的助手则是一位博学多才的理论家；他给人的印象是温和愉快，他的助手给人的印象却是冷酷沉静；他说话流利圆滑，并略带幽默，他的助手发言却是坚实犀利。

正因为他们的个性和才学互不相同，所以合作起来才能取长补短，产生惊人的力量，不仅使企业避免了很多错误决策，而且使企业的业绩扶摇直上。这位企业家深知这一点，所以经常对他这位助手说：“我此生能够遇到你们这样的人才，觉得十分荣幸。因为只有你们能够帮助我完成许多无能为力的事。”

因此，在现实生活中，我们不仅要结交那些“志同道合”的朋友，还要结交一些优势互补的关系，这样才能使我们的生意更加顺利。这里的优势互补既指性格，也指才能，更是指行业。它是我们交友的一个重要的原则。

2. 具备“立体交叉”的交际思维

这里所说的立体交叉，可以从不同角度去理解：从道德角度来讲，就是不仅与那些比自己德高性善的人交际，也要适当与那些比较后进的人交际；从性格角度来说，就是不仅与那些性格意趣相近者交际，还要适当与那些性格迥异、意趣不同者交际；从专业知识的深广度来说，就是不只限于和那些同一文化层次、同一专业行当的人交际，还应发展与那些不同文化层次、不同专业行业的人交际。这样通过与各种不同类型的各种人物交

往，尤其是那些与自己互补类型的人物交往，我们就可以获得大量的情报信息，并在各个方面对自己的生意形成帮助。

3. 注重老年人

社会中有各种不同类型的人，比如动力型、开拓型、保守型、外向型、内向型等，而各人又有各自独特的、他人无法替代的优势和长处，以及各自的弱点和短处，只有将每个人的优势和长处，根据自己做生意的实际需要合理地搭配起来，构成有机的整体，实现优势互补，才能发挥出最佳的整体组合效应。要想做到这一点，我们就必须注意多结交一些与自己优势互补的朋友。比如说老年人。

一般来说，年轻人的性格多狂放不羁，藐视既往，目空一切，好走极端，勇于改革而不去顾及实际的条件和可能性，经常因浮躁而一事无成。为了弥补这一缺陷，我们就需要找一些“忘年交”，从老年人身上寻找那些自己最需要的东西，比如坚定的志向、丰富的经验、深远的谋略和深沉的感情。而且老年人有着丰富的人际关系资源，可以为我们提供广泛的人际关系“门路”。另外，老年人见多识广，有着丰富的经验，在关键时刻还能帮助我们掌舵，辨别方向。因此，在我们的人际圈子中，老年人是必不可少的。

当然，要根据自己的劣势去扩展自己的人脉圈，最重要的一点就是必须对自我进行反省，知道自己的劣势在哪里，这样才能更加有针对性地找到那些能与自己形成互补的人。

个人形象问题及其对于打理人脉的作用

人和人交往，对方第一眼看上的就是个人的仪表——外在形象，从而形成交往的第一印象。我们都知道，第一印象在人际交往中有着很重要的作用。如果第一印象不好，双方自然也就难以继续交往下去了。

美国历史上著名律师维特门曾是哈佛大学毕业的高才生，后来还当选为州议员。有一天，他穿着乡下人的服装，从农庄来到波士顿。在一家酒店的客厅里，维特门听到一群所谓的绅士淑女在他身后窃窃私语：

“让我们来逗逗这个地地道道的乡巴佬。”

随后这群人围住维特门，提出各种古怪的问题嘲弄他。维特门站起来彬彬有礼地问好后说：“在这前进的时代里，难道你们不可以变得更有教养、更聪明些吗？你们只从衣着看我就不免看错人了；而我呢，因为同样的原因，还以为你们是绅士淑女。其实，我们都错了。”这时，有人走进来尊称维特门先生，那些“绅士淑女”们方知眼前这位“乡巴佬”就是大名鼎鼎的维特门先生，一个个顿时呆若木鸡……

看到这里，或许我们脑子中会产生一种想法：人不可貌相，海水不可斗量。这自然没错，但是从更深层次来说就是在这个以貌取人的时代里，较好的仪容会给自己带来一些好的人脉。维特门固然在后来占了口舌的上风，可他不合“情势”的穿着也给他带来了一些“麻烦”。

毕竟，这是一个“人可貌相”的时代。“人不可貌相，海水不可斗量”仅仅是一种劝诫，从它能长期而广泛地流传这一事实中，我们恰好能从反面得到证明：从古到今，社会上确实存在着大量以貌取人的现象。国外的有关统计资料表明，把应征者的仪表看作决定录用与否因素的招聘者，约占总数的15%。

这是因为，在应征者的诸多条件中，仪表最直观，最简单，且不需花费过多时间去考察。经验丰富的招聘者总是把应征者的仪表，看作是其内在气质的一个不可分割的组成部分，并进而由表及里地窥测其内在的素质。

尤其是在现代社会，由于生活节奏的加快和人们交往的多样化，人与人的接触就成了蜻蜓点水式的交往。一个人往往需要在短暂的第一次接触时给人留下良好的印象，才能为以后的交往打下好的基础。有的人常常因为不太注意这“第一印象”的重要，而给生活留下了不少遗憾。

良好的第一印象，既是一张最好的社交名片，又是一张最有权威的介绍信。人脉网的范围不仅仅是局限在熟悉的环境里，因此，我们每天都可能在乘车、聚会或是旅游等活动中与陌生人结识交往。所以，珍惜并注意给他人留下一个良好的第一印象，对于建立一个好人脉起着至关重要的作用。

在20世纪50年代初的时候，上海市市长陈毅就给荣毅仁留下了深刻的第一印象，这也为其日后的工作发展奠定了良好的基础。

在1950年6月的一天，荣毅仁来到上海外滩的中国银行大楼参加一场会议。他刚签完名准备入场的时候，身边走过来一位中等身材、气宇轩昂的解放军军人，尽管他身上穿的布军装已经略显褪色，但是却十分整洁。荣毅仁不禁被这位军人身上所散发出来的魅力所吸引，一直到他从自己的视线里消失以后，才反应过来该进入会场了。

会议开始以后，他才发现刚刚路过身边的那个人就是赫赫有名的三野司令员、上海市市长陈毅，也正是这次会议演说的主角。由于陈毅是四川人，口音很重，所以他尽量保持着平缓的语速。并且为了缓和会议紧张的气氛，他在说话的同时不忘将桌上的瓜子放进自己的嘴里，还会偶尔讲几句笑话，这将他性格的豪爽与幽默一并展露无遗。并且由于他随和而诚恳的态度，当时便赢得了所有人的赞赏。

而令荣毅仁感触最深的就是，共产党原来根本就不是国民党所宣传的那样飞扬跋扈、不可一世。当然，这也是因为他目睹到了共产党的大官平易近人的形象。

陈毅留给荣毅仁的第一印象绝对起到了先入为主的作用。

在人际交往中也是如此，一个人的第一印象往往会给对方留下很深的印象。一个人的印象是通过他的形象来表现的，具体地说就是一个人的仪表形象。如果在人际交往的过程中，我们能够注重自己的仪表，就能给对方留下一个良好的第一印象，就能赢得对方的尊重和好感。

一个人的魅力主要体现在内在气质和素养上

所谓魅力，是指一个人所具有的吸引人的力量。在沟通中，人与人之间相互吸引的程度不同，往往形成了沟通关系的不同层次。个人魅力是沟通交往中不可忽视的一种素质。沟通交往除了一些工作上的“公事公办”外，大多是凭着个人的兴趣、需要、好恶等因素进行的。这里，魅力就起着很重要的作用。

沟通吸引或者说一个人的魅力是受多种因素影响的，比如，一个人的内在涵养和素质，外在的仪表、服饰，行为动作，地位和角色的为人羡慕、尊敬等。这些因素的差异以及交往个体能否巧妙灵活地运用这些因素，会直接影响一个人的魅力，影响沟通的程度和效果。如果我们在沟通中注意扬长避短，既体现自己的个性，又把握住分寸，则会收到愉悦自己和吸引他人的意想不到的效果。

一位有名的商店经理曾经说：“有些人生来就有与人交往的天性，他们无论对人对己、处事待人，举手投足与言谈行为都很自然得体，毫不费力便能获得他人的注意和喜爱。可有些人便没有这种天赋，他们必须加以努力，才能获得他人的注意和喜爱。但不论是天生的还是努力的，无非是博得他人的善意，而那获得善意的种种途径和方法，便是‘人格’的发展。”

然而，在大多数人眼里，人格魅力是最不可捉摸的神秘因子，是一种

神秘得近乎神奇的事业推进剂。它是一种迷人气质和个性魅力，能让别人支持并热情洋溢地发扬光大你的远景，助你成为领导者。长期以来，美国西点军校的学生都必须接受"人格魅力"的训练，它的精神力量影响了一代又一代的学员。

一个人是否具有魅力，关键看别人对他的态度。而有经验的沟通者，会从对方的一言一行中判断出自己是否具有魅力。如果对方很愿意与你接触，或就座时尽量靠近你，或很乐于接受你赠送的礼物，这些行为就表明了你在他的心目中是颇具魅力的。

有的人在沟通中总认为自己"缺乏魅力"，不能吸引别人的目光；有的人可能是因为自己的身体存在一些先天的缺陷；但有的人可能是没有发现自己的魅力。用上述方法评价你的沟通活动，或许会改变你的看法、增强你的自信心、改善你的沟通关系。

魅力和风度一样，都是一个人的内在素质的外在体现，它不是自己模拟所得，更不是装腔作势的结果，而是人们在长期的生活和学习中所形成的良好性格、气质的自然流露。要增强自己的魅力，关键还在于丰富自己的内在修养。如果只注重外表的风度与魅力，实则胸无点墨、内心空虚，虽然可以取悦人们一时，但终究会被人们识破，以致遭到周围人的唾弃。

生活中，我们总会遇到这种魅力无穷的人，他们非常易于察觉人际往来的微妙互动关系，只要有他们出现的地方，气氛总是很热烈。那么，这种魅力究竟是什么呢？

你可能想到的是聪明、仁慈、有活力、美好的外貌等。不错，这些都是构成一个人是否受欢迎的条件。但是，人际沟通专家认为，魅力并不是一项单纯的性格或特征，而是一个人多方面能力的综合体现。不过，要想具有这样的魅力，须从丰富多样的社交技巧中磨炼。

譬如，"印度圣雄"甘地被公认为是一个非常有魅力的人。然而，甘地的魅力并非天生。据说，从年轻时候开始，甘地就有心打入此国上流社会的社交圈，立志成为一位“英国绅士”。因此，他十分努力，有计划地克制自己的各个弱点，训练自己面对群众的演说技巧和沟通能力。

身为一个外国人，甘地明白他的皮肤颜色以及外国口音是绝对改不了的。但是，特征他改变发型，勤练英国式腔调，装扮适当，频频出入各种社交场所。

甘地的魅力，在于他能运用简洁诚恳的语言和人交谈。经过长时间培养出来的社交能力，日后对甘地的政治生涯产生了很大的益处。他不但能与英国的领导阶层平起平坐、畅谈政治，而且也抓住了全印度甚至全世界人的心。

由此，魅力并不是一项单纯的性格或特征，而是一个人多方面能力的综合体现。个性有瑕疵的人并非一无可取、不可救药，许多事例验证了这一点。有些卓越不凡、幽默风趣的人，原来可能是个孤僻、难以相处之人。他们通过灵活运用自己的长处，同时克服自己个性中的缺点而获得成就。要想克服个性中的缺点，先要分析自己的个性，同时了解优良个性的特征，以便朝那个方向努力。

一般来说，优良的个性具有如下特征：

1. 诚意

诚意一般是指由热情、热心和兴奋等糅合而成的感情状态。一个对工作学习和他人抱有诚意的人，往往能弥补个性上的一些缺点。

2. 理智

这就要开动人的思维机器，多看、多听、多思，凡事都能以明确而理智的行为来进行。在处理事情的过程中，不随意埋怨、轻视别人，即使发生在你面前的是重大事件，也能冷静理性地应变，渡过难关。

3. 友情

友情可以使你交友广泛，建立充满善意和体贴的良好的人际关系。但切记勿把友情与亲情混为一谈。友情是一种互助的关系，它能激发朋友之

间相互尊重。

4. 英俊、潇洒、魅力

这和个人风采有关。清洁、整齐、英俊、潇洒的风采，使你保持自然可亲的个性，再加上良好的教养，能助人事业成功一臂之力。

魅力是一种无形的美。你穿上最时髦的新装，梳起最新的发式，再加上身材窈窕，巧施脂粉，但若没有魅力，你的身体徒有躯壳。魅力并非物件，可以储之于闲，用之于需，参加舞会或欢度良宵时再将其施展。魅力恰似明媚的春天，它的影响会注入光阴的每个瞬间。

每个人都可能有独特的魅力，但是只有当我们与人交往时，魅力才会被感受到。内在修养提高了，随之你的穿着打扮、言行举止也会有质的变化，巧妙灵活地运用外在的仪表、服饰、行为动作等因素，在初次交往中注意扬长避短，既能体现自己的个性，又能把握住分寸，就会收到吸引他人的意想不到的效果，给人留下一个魅力无限的第一印象。

一个人的仪表是最先被对方的感官感知的，所以仪表因素是构成一个人魅力的最基本的条件。亚里士多德曾经说过，漂亮比一封介绍信更具有推荐力。事实的确如此，在其他条件相同的情况下，外表占有优势的人往往具有更大的魅力，尤其是在异性之间。美国曾有学者做过这样一个实验：让一些男性评价假设都是女子写的论文，有的在论文上还贴有作者的照片。结果发现，贴有漂亮女性照片的论文得分要高于不贴照片的论文，而所贴照片不漂亮的论文得分又低于不贴照片的论文。这说明，在沟通交往中，外貌的漂亮与否有着很大的影响力。

笑脸迎人，积极传递正能量

许多人之所以成功，源于其个人魅力、个性和亲和力。而个性中，最吸引人的，就是那亲和的笑容。行动比语言更具说服力，一个亲切的微笑会告诉别人："我喜欢你，你使我愉快，我真高兴见到你。"

微笑可以表现出温馨、亲切的表情，它能有效地缩短双方的距离，给对方留下美好的心理感受，从而形成融洽的交往氛围。它能产生一种魅力，它可以使强硬者变得温柔，使困难变得容易。所以，微笑是人际交往中的润滑剂，是广交朋友、化解矛盾的有效手段。

面带笑容的人，通常对处理事务、教导学生或销售商品等行为都显得更有效率。经常面带微笑的人，到处都会受到欢迎。世间最美丽的东西是什么？是微笑；最动人的表情是什么？是微笑。我们最喜欢看到的，也是笑容可掬的脸庞。

整天阴沉着脸的人是绝对不会受到别人欢迎的。因此，要善于运用非语言的要素表现自己。所谓的非语言要素就是表情明朗、态度爽快。其中最需要注意的便是"微笑"了！

俗话说得好："一笑解千愁。"有一副对联也说："眼前一笑皆知己，举座全无碍目人。"的确，没有人能轻易拒绝一个笑脸。笑是人类的本能，要人类将笑容从脸上抹去是件很困难的事情。由于人类具有这样的本能，因此，微笑就成了两个人之间最短的距离，具有神奇的魔力。真诚的微笑是交友的无价之宝，是社交的最高艺术，是人们交际的一盏永不熄灭的明灯。

每个民族都有自己特别的风俗习惯和文化，都有自己的禁忌和避讳。比如，在希腊和尼日利亚，摆手是一种极大的侮辱，尤其是当你的手接近对方脸部时；"再见"式挥手在欧洲意味着"不"，但在秘鲁却意味着"请过来"；在巴西，将你的拇指和食指相接，为同一个美国人的"OK"标志——意味着"见鬼去吧"；当与马来西亚或印度客户一起吃饭时，不要用左手进餐等。然而却有一种交流方式是全球通用的，这便是微笑。微笑是我们这个星球上最通用的语言，因此，不论走到哪里，都要带去微笑。

钢铁大王安德鲁·卡内基的高级助手查尔斯·史考伯说，他的微笑价值百万美元。他大概也是在暗示这一真理，因为查尔斯·史考伯的性格、魅力以及善于讨人喜欢的能力，几乎完全是他卓有成就的原因。而其人格中一种最可爱的因素，就是那人见人爱的微笑。

微笑胜于言论，对人微笑就是向人表明："我喜欢你""你让我快乐""我喜欢见你"。如此，别人当然就会喜欢你。

但我们是否必须一见人便张嘴就笑？哪怕是一种做作的微笑？当然不是！要知道微笑不能用来欺骗他人，一旦做作的微笑被人识破，人们就会很反感，还不如面无表情的好。我们所说的微笑是一种真诚的，发自内心的微笑。

心理学家发现，人们最容易给微笑以回报，这几乎是一种本能。成人以微笑面对婴儿，婴儿也会以微笑回报他；有时候，婴儿总是朝你甜甜地笑，成人就是心里再满天乌云，也会云开雾散，脸上露出笑容来。你也可以做一个小小的实验：今天你面带微笑；明天你满脸乌云。你肯定会有两种回报。有心理学家说，人际交往中的表情是挂在路口的一块路牌，面带微笑等于在告诉世人：此路畅通；面目呆板等于在告诉世人：此路不通。所以说，微笑是人际交往中最好的通行证。

微笑是善意的象征，它可以使自己和对方明朗、活跃，产生很大的吸引力。俗话说，恶语不伤笑脸人。

在我们身边，与人交谈面带笑容、听人说话时表现出专注神情的人一般都是人际关系很好的人。表情不仅可以充分展示自己的人格和修养，还可以弥补自身的一些先天不足，也可以掩盖自己的一些缺点。蒙娜丽莎式永恒的微笑会使一些人成为交往中的常胜将军。

一位大学生被分配到一家集体工厂工作。当他来到这个工厂的时候，没有因为工厂设备简陋而感到沮丧，仅而微笑着对厂长说："我能够来到这里工作，心里很高兴，我一定努力做好工作，请多多关照。”厂长喜笑颜开，十分高兴，表示了非常热情的欢迎。这家工厂虽然生产情况尚好，可厂房、设备、住房等条件都不太好，又属于“集体”单位，以前也曾分过两位大学生来厂工作，但这两位大学生总是愁眉苦脸、精神不振，过不多久都先后调走了。厂长见到这位大学生如此态度，不禁肃然起敬，立即委以生产工艺负责人的重任。

在这里，这位大学生的“微笑”，就起到了一种很好的媒介作用，使别人见到他的第一分钟起，就感受到他热情开朗的性格和良好的精神面貌，自然而然地产生一种亲切、信任的感觉，留下了很好的印象。

微笑是一种交际的世界语，它没有国界也没有阶级之别，人人都有权利享受别人真心的微笑。达·芬奇的传世名作《蒙娜丽莎》以画中人含蓄、迷人的微笑在世界人民心中留下了美好的印象，也树立了微笑的经典。但有些朋友可能会说，我天生不爱笑，也不会微笑。没关系，因为微笑是可以培养的。空姐接受微笑训练，每天练习微笑，最终获得成功就证明了这一点。

微笑反映了一个人的素质和道德风貌，它会使你在人群中大放异彩。微笑，是一束冬日温暖的阳光，可以化解我们久冻的心湖，让我们在充满爱意的世界里更容易做到心灵的沟通。微笑，是内心愉悦在脸上的自然流露。在人际交往中，没有什么东西比一个阳光灿烂的微笑更能打动人了。

笑在一般场合，是一个畅通无阻的通行证。无论你在什么地方，无论你在做什么，在人与人之间，简单的一个微笑是一种最为普及的语言，它能够消除人与人之间的隔阂。人与人之间的最短距离是一个可以分享的微笑。因此，在与人交往时，记住带上你的微笑，如此容易的付出，会给你的人脉带来无穷的好处。

任性和随性是经营人脉关系之大敌

有人总认为要成大事就要不拘小节，否则就会被小节拖累，其实这种想法是不对的。人与人之间的交往，离不开各种各样的小节，如果你是个忽视小节的人，那么你的价值便会因此而大打折扣，人脉交往也会受到影响。在交友办事之中，能够记住对方的一些细小之事，不仅可以赢得对方的信任，而且是你求人办事的敲门砖。

有一个业务员，到一个公司洽谈业务，会谈结束后，负责这项工作的业务科长送他回家。交谈中，业务员无意中说出他母亲在医院住院。结果第二天，那个业务科长就跑到医院去看望了他的母亲。这让业务员感到非常惊讶和感激，他没想到对方会记住与他交往的细小之事，结果，在签订合同时，这个业务员很大度地作了让步。

这完全是对方注重他的细小之事的结果，赢在细节。

美国第二十九任总统罗斯福能众望所归地当选，原因之一也得益于他记得所交往的人的一些细小之事。

一个名叫艾摩斯的黑仆，写了《仆人眼中的罗斯福总统》一书，书中有一段是这样写的：

"有一天，我的妻子问总统先生，鹌鹑是什么样的鸟？因为我的妻子从来没有见过这种鸟。总统不厌其烦地详细解释。当天傍晚，我家的电话响了（艾摩斯夫妇住在白宫的一间小屋里），妻子赶紧跑去接，原来是总统打来的，总统告诉她在我家屋外的草地上，正有一对鹌鹑停在那儿，叫她从窗户往外看。他为了这么微不足道的小事还特地打电话来，充分表现出总统先生关怀他人的品格。"

作为一个总统尚能记得与仆人交往的细小之事，并能时时放在心上，这怎么不让下属信任呢？这怎么不叫下属心甘情愿为他效力呢？

所以，想要赢得更好的人缘，就必须要懂得经营人脉，而在这个过程中，是离不开创意与细心的。创意和细心能够让你的人脉力量有一个良性的发展，具有更强的竞争力。留心身边的人群，了解人们互相吸引的要素，提高你的交友情商，这是使你的人脉网更有力量的必备功课之一。

那么，在人际交往中，我们该注意哪些方面的细节呢？概括起来有以下几点：

1. 美的细节

无论是语言上的美，还是肢体上的美，乃至其他方面的美都属于美的范畴。那么，对于这些细节，在人际交往的时候都应该注意。

最能吸引人眼球的莫过于美感了。人的美就如自然美、艺术美一样，始终具有一种不可抗拒的吸引力。因为美，所以能够让他人心理上产生愉悦的感受，令人有赏心悦目之感，因此人们才愿意与之接近。当然，这里所说的“美”，是涵盖了外在美与内在美两个方面的。外在美能够引起人的注意，而随着双方接触的频繁，内在美便超过外表美，产生出强烈的、经久不衰的吸引力。

2. 新奇的细节

不言而喻，凡是新奇的东西总是有着一股吸引人的魔力。具有新观念、新思想、广博知识的人身上充满了吸引他人的巨大力量。没有人不愿意与这样的人交往，因为这些新奇的东西能使自己变得更充实——知识上充实、精神上充实、生活上充实。

3. 心理的细节

所谓心理的细节是指在人际交往中，要注重心理。不仅仅是自己的心理，而且还有对方的心理。了解他人的心理不仅要抓住对方大致的心理波

动，而且要于细微之处下工夫，利用细小的刺激来影响特定情形下的心理，使赞美既收到“润物细无声”的效果，又有极强的针对性。

1971年7月29日，基辛格率代表团秘密访华，进行打破中美中断20年外交僵局的谈判。来华前，尼克松总统曾不止一次为他们设想这次会谈的情形，以为中方会大拍桌子叫喊“打倒美帝国主义”，勒令他们退出中国台湾，滚出东南亚。为此，基辛格一行非常紧张。

但事实出乎他们的意料。周恩来总理在钓鱼台国宾馆亲自会见了他们。周恩来总理微笑着握着基辛格的手，友好地说：“这是中美两国高级官员二十几年来第一次握手。”当基辛格把随行人员一一介绍给周恩来时，他的赞美更出乎他们的意料。他握住霍尔德里奇的手说：“我知道，你会讲北京话，还会讲广东话。广东话连我都讲不好。你是在香港学的吧!”又对斯迈泽说：“我读过你在《外交季刊》上发表的关于日本的论文，希望你也写一篇关于中国的。”最后他握住洛德的手说：“小伙子，好年轻，我们该是半个亲戚，我知道你的妻子是中国人，在写小说。我愿意读到她的书，欢迎她回来访问。”

周总理简短的欢迎词里蕴涵了高超的赞美技巧。他认识到基辛格一行的紧张心情，在严肃的外交场合，他有意淡化了政治角色，抓住细微之处，对其语言才能、论文、家庭成员进行了一番巧妙的赞美。这些话既亲切又得体，不仅缓解了对方的紧张情绪，使对方对中国领导人顿生敬意，同时又使其认识到中国人民的友好态度，可谓一箭双雕!

周总理能做到这一点，是事前大量细心准备的结果。他先对基辛格一行的工作、生活资料作了一定的了解，准确地找出了他们在外交场合一般不为人所提及的细小之处，同时对他们来华的心理作了大致分析，如此才有了在外交场合出色的表现。

4. 心态的细节

人际交往，必定要讲究心态。只有心态好的人才能交到朋友，才能真正用心去经营人脉。懂得用细心去经营人脉的人，通常总是有更多的机会与他们想要结交的人交往。他们能够克服自身的障碍，更好地完善自我，并且还有最重要的一点就是，他们不会强化失败的影响力。因为在与人交往的过程中，谁也不可能担保不犯任何错误，自然就可能因此而得罪或是失去朋友。但是你要记住：即便发生了这样的事情，也一定不要受到过多的影响，否则这种失败的影响力会在你日后与人交往的过程中成倍地扩增，甚至可能让你的人脉力量遭到致命的打击。所以，过去的不必太在意，走好现在的每一步才是最重要的。

第二章 打造人际交往的需求价值

人与人之间的关系说到底就是一种互动，倘若我们要想他人成为自己生命中的贵人，首先我们要成为他们心目中的“贵人”。我们的这种贵，并不一定会给他们带来多大的帮助，但有一点极其重要，那就是我们能够帮助他们解决一定的问题，有一定的“利用价值”。

人脉关系中的“求同”和“求异”原理

说话时互相尊重、彼此体谅，人际相处才会和谐融洽，同时，你也能够听到来自不同方面、不同层次的意见和声音；特别是当性格各异的朋友与你进行情真意切的交流时，就会帮助你避免或减少决策失误。

年轻人应当试着去了解这些差异，并尊重不同的想法；了解别人的态度和主张，比一味地争辩、坚持己见要高明得多，不管在谈生意还是说服别人时都是如此；而且，尊重对方也是对自我的肯定。真正自信的人，不会在两人之间的差异点上大做文章、挑三拣四，这很容易弄得不欢而散。

有人说：你可以赢得一场战争，但未必能赢得真正的和平；同样，即使他人口头上认同你的说法，却并不意味着他已经心服了。年轻人在交流过程中不要与别人争辩，哪怕明知对方的观点错误。千万记住，如果你争辩输了，那你就输了；如果你争辩赢了，你还是输了。

宇宙间找不到完全相同的两片树叶，世界上也不可能存在完全相同的两个人。即使是双胞胎、连体人，也都有各自的性格和特点。亲密并非无间，人与人相处时最容易因为交往密切，而忘记了应注意换位思考，站在对方的立场考虑问题。每个人都有自己的性格，自己的特殊经历和独特的人生体验，对同一事物、同一事情，不同的人有不同的感受、不同的认识。两个朋友相处时间长了，关系越来越密切，容易产生常说的不分彼此的情况，遇到事情，自己的看法就是朋友的看法，或者认为朋友的看法就应该与自己的看法一致，而忽略了自己和朋友是两个人、两个个体。

小小和李丽是好朋友，小小特别喜欢吃辣的，李丽却一点儿也不能吃辣。小小每回和李丽吃饭都点很多辣的菜，还告诉李丽吃辣的很多好处，要李丽也像她一样。李丽为了迎合小小开始尝试吃辣，可是每回不是弄得自己闹肚子就是长了满脸的疙瘩。李丽觉得和小小吃饭是一件让人惧怕的事。最主要的是，她不想因为别人而改变自己，因此与小小的关系越来越远了。

尊重朋友，首先要承认自己和朋友有不同之处，并坦然对待这些不同之处。在一些生活小事上，我们很容易做到求同存异，张三爱吃甜的，李四爱吃辣的，张三不会试图让李四改换品味，和自己一样吃甜的。但在一些对朋友很重要的问题上，即便是出于最善意的动机，也还是引起朋友的不满，真可谓是费力不讨好。

如果一个人总想试图让朋友变得和自己相同，朋友肯定会被吓跑，最后这个人连一个朋友都不会有。朋友之间肯定有某些共同点，共同的兴趣、爱好，某些共同的利益，需共同完成某些事，共同的志向等。这些是两个人之所以会成为朋友的基础。但是每一个人都是有个性的实体，不要试图改变对方，否则只会让友谊离你越来越远。亲密并非无间，注意把握友谊的度才是处世之道。人际关系的密度并不是越高越好，“距离产生美”，不要时时刻刻把自己的透明度设置为百分之百，要懂得运用“距离

效应”。

病得死，累不死，打造自己的“利用价值”

在建立人脉网络的过程中，你可能是一个很讨人喜欢的人，但是若是你能够被人需要，那么就是再好不过的了。美国一所州立大学的足球教练韦德，之所以能够坐上这个很多人都翘首以盼的位置，就是因为他被芝加哥地区高中球员的家长们所需要。

芝加哥可以说是运动天才的宝库，人们对于足球的狂热经久不衰，在这样一所人才聚集的城市里，几乎每支主要球队都会派一名专门负责招募芝加哥地区球员的人。这些人全都拥有着广泛的人脉网络，因而竞争也变得相当残酷。

大多数人都在利用自己的人脉网络去搜寻可能成为优秀球员的天才，韦德当然也不例外。他每年都会飞往芝加哥与那里的高中足球队教练见面不下20次，因为这样做就有可能借助教练的帮助招募到他所需要的球员。但是他深知只做这些是远远不够的，必须让别人能够需要他，他才会更加顺利地得到自己想要的效果。于是韦德做了一件令其他招募人员都没有想到的事情：

他每隔一段时间就会与芝加哥球员的家长们通电话，详细地告诉球员的父母关于球员在学业、运动以及生活方面的各种表现。若是出现了什么问题，韦德也会在第一时间告诉他们。这让球员们的父母觉得很安心，继而韦德成为了被他们所需要的人物。

韦德的做法让他从众多的招募人员中脱颖而出，而他最后的成功归根结底就在于他不仅被人所喜欢，而且还被人所需要。

"被利用"的价值，乍听起来好像太过于功利，而人际关系心理学家认为，互利是人际交往的一个基本原则。虽然我们的社会提倡奉献和利他精神，但这是一种最高层次的人际交往境界，很难要求所有人都做到这一点。

人之所以需要与人交往，多半时候，都是想从交往对象那里获得自己的某些需求，这种满足，既有精神上的，也有物质上的。所以，按照人际交往的互利原则，人们实际上采取的策略是：既要讲感情，也要有功利。可以说，人际交往中的互惠互利也是合乎我们社会的道德规范的。

"一切都是假的，靠自己是真的。人缘也是靠自己。自己是个半吊子，哪里来的朋友？"这一句话引自高阳的《胡雪岩》，相当贴切地描写了积累人脉的秘诀。

不怕被利用，就怕你没用

人脉的最高境界就是互利，而非单方面的游说。当你发现某个人将会对你有利用价值，而主动去与之建立关系的时候，如果对方发现你不过是个腹中空空的草包，毫无利用价值，那么想必他对同你做朋友也不会有多大兴趣。

谁不希望结识那些能力强的人呢？可以假设一下，有一个人，他对你冷漠，既不能与你信息共享、情感沟通，也不能与你相求相助，他一有困难就跑来找你，这样的人你会和他做朋友吗？恐怕不会。朋友之间的关系不是索取和奉献，而是彼此互求互助。由此可见，如果你想赢得朋友，那就必须在你们存有互利关系，这是牢固你们关系的一个根本。

小王是一位青年演员，英俊潇洒，很有天赋，演技也很好，刚刚在演艺界崭露头角。为了进一步提高自己的知名度，他非常需要一个公共关系

公司为他在各种报纸杂志上刊登他的照片及有关他的文章，但是他没有钱，也没有机会。

后来，经朋友介绍，他认识了莎莎。莎莎曾经在纽约一家最大的公共关系公司工作过好多年，不仅熟知业务，而且也有较好的人缘。几个月前，她自己开办了一家公关公司，并希望最终能够打入有利可图的公共娱乐领域。但是让她烦恼的是，到目前为止，一些比较出名的演员、歌手、夜总会的表演者都不愿与她合作，她的生意主要还只是靠一些小买卖和零售商店。

小王与莎莎一拍即合，立即联手合作。小王成了莎莎新公司的代理人，而她则为小王提供出头露面所需要的经费。这样，小王不仅不必为自己的知名度花钱，而且随着名声的扩大，也使自己在业务活动中处于一种更有利的地位。而莎莎也借助小王的名气变得出名了，很快就有一些有名望的人找上门来。二人各取所需，合作达到了最高的境界，他们的关系也因此变得更加牢固。

生活中，我们经常听到一些人抱怨朋友不讲交情，不够朋友。其实，引起抱怨的主要原因就是自己的某种需求没有得到满足，而这种需要何尝不是功利性的呢？人们常常说的那种没有功利性色彩的友谊，几乎是不存在的。在校园里建立起来的友谊之所以被认为是没有功利性的，也是因为沾染物质上的利益少，但是其感情的因素却是很重的。所以，我们不必一味追求所谓的“没有任何功利色彩的友情”，也不必抱怨别人是多么势利，而是应该多想一想自己可以为别人提供什么价值？

人脉就像一个网，每个人都是网上的一个节点，有的节点非常脆弱，不能更好地连接更多的人，而有的节点则在整张网中起着非常关键的作用，它连接了越来越多的人，这些点被我们称为关键节点。毫无疑问，这些成为关键节点周围的人脉是丰富的，那么如何成为人脉网中的关键节点呢？方法只有一个，那就是提升自身的价值，说白点，就是被人利用的价值。

所有的人都想从人脉网中得到愉悦和满足感

毋庸置疑，快乐的传递能够让人获得更多的幸福，在人际交往的过程中，你将快乐传递给他人，自然就能够拥有更广阔的人脉网。而这种人脉的快乐互动会带给你颇为丰厚的回报，一个黑人司机对于这点可谓是深有体会。

在美国有一个平凡的出租车司机，因为他是黑人，所以开始业务的时候他的生意并不是很好，很多美国人都从心里抵触黑色肤质的司机。然而，他并没有因此而放弃这份赖以谋生的职业。他虽然不富有，但依旧每天都很快乐，并且他愿意将他的快乐传递给更多的乘客。每当乘客坐上他整洁干净的出租车时，他都愿意为他们讲一些笑话，或是哼一些最近流行的歌曲。尽管唱得不好，不够水准，甚至是唱错歌词，依旧激情澎湃。他用这样的办法使坐他车的人都快乐起来，每天都将快乐传递着。后来，有许多乘客专门留下了他的电话，别的车不坐了。

其实在生活中，只要你肯去与别人分享快乐，就一定能够收获像黑人司机一样的回报，不论你从事何种职业，这种快乐的传递都是必不可少的。因为你在温暖了他人的时候，也一定能够将自己的心融化，更加有勇气去面对生活中的磨难。对于一个与死神抗争的人都可以做到的事情，你为什么不去试着做呢?

在某家医院的一间双人病房里，躺着两个重病的人。一个人的床靠着墙，另一个人的床靠着这间病房中唯一的一扇窗户边上。靠墙躺着的病人

因为摔断了颈椎，因此唯一的姿势便是躺在床上，对于他来说，靠墙或是靠窗都是没有区别的。而另一个人被他胸腔的积液折磨得死去活来，他不得不在每天下午的时候，坐起来一个小时，以帮助引流他胸腔的积液。

两个痛苦的病人在每一个漫长的日子里，都只能周而复始地重复着简单的一切——吃饭、睡觉、聊天。这两个举目无亲的人只有在每天下午的时候，才能得到一点快乐，因为每逢靠窗的人坐起来的时候，他都会把窗外的一切详详细细地描述给靠墙的人听。

窗边的病人告诉他的病友，在窗外有一个美丽的湖畔，湖边栖息着天鹅和野鸭，很多天真的孩子在湖畔边的公园中开心地跑跑跳跳，偶尔会经过一对动人的情侣，他们手挽着手在公园中漫步。偶尔遇到蒙蒙细雨的天气，还会有一位撑着粉红色小伞的姑娘沿着湖边走过。在两个人单调的白色世界中，靠墙的人一边听，一边幻想着那青翠的绿色、天边的彩虹，还有相爱的人泛舟在湖面上。

在一个阳光灿烂的午后，靠窗的人告诉靠墙的病友，窗外正有一群盛装彩车的游行队伍经过。靠墙的人闭着眼睛，听着病友那吃力却无比生动的描述，脑海里想象着那热闹的场面。靠墙的人觉得快乐极了，他幻想着自己也是其中打鼓的一员，他更加热烈地渴望着自己能够早日站起来，在这个美妙动人的世界中尽情地享受，他与靠床的病友约定，等到他们都康复的那一天，一定要一同去那美丽的湖畔边吹风。

然后病魔的恶手并没有放过那个靠窗的人，一天夜里，靠窗的病人突然咳嗽起来，他胸腔里的积液压迫他的肺叶，令他窒息，他挣扎着触摸床头的呼叫按钮，却没有成功。墙边的人急得满头是汗，但是他却无力去帮助这个如同亲人一般的病友，因为他在那天白天不幸吃错了东西，以至于他的嗓子无法发出呼救声，而不能动的他根本就不可能按下那救命的呼叫按钮。第二天一早，护士发现了靠窗的病人，不久，那张床就空了，换上了干净的床单。

靠墙的人无法从悲痛中走出来，护士的劝说对于他根本就是无济于事，他还在幻想着某一天两个人并肩走在湖畔上的情形，于是，在病友离开后的两个星期时，他请求护士能够为他再描述一下窗外的湖畔，那个他最爱的湖畔。护士奇怪地来到窗边，只说了一句话："对不起，我无法帮到你，这个窗户外面只有一面灰色的墙。"

靠墙的人眼泪无法止住，他这才明白，靠窗的病友是以什么样的信念坚持着让自己变得更快乐。

不论你的位置是靠墙还是靠窗，都要记住，时刻将快乐传递给别人，那么你的人脉网就一定会收获不小的幸福，成功也就不再会离你那么遥远了。

帮人等于帮己，投资人脉不吃亏

中国人最讲究量入为出，为了应付某种急需，一般人省吃俭用也要在银行里存一笔钱。因为有了这样一笔储蓄，心里就踏实，就可以在关键的时候拿出来渡过难关。同样的道理，要想在急需的时候，你的关系网能够用得上而且管用，也要注意在你的人情账户上搞好储蓄。

人是有感情的动物，在人际交往与关系中重视情感投资，不断增进感情，就是聚积信任度，保持和加强亲密互惠的关系。只要你在人情账户上储蓄，在你遇到困难、需要帮助的时候就会有朋友来帮助你。

如果你的人情账户上没有什么储蓄，到需要用钱时，也就无钱可用。说不定求人时账上还会出现负数，欠别人的情和债。只有平时乐于帮助人，主动帮助别人，你的人情账户上的储蓄才会越来越多，越来越够用。

有一位出版商，平时就很注重人际关系的建立，不论是大人物或小人

物，他都不吝花费地和他们建立关系。有一位与他并未谋面的作家因为急需钱，去向他借钱，他二话不说就掏出2万元。最后他广结人际关系的结果是，到处都有人帮助他，他也因而得到了很多好书稿，自然财源滚滚。

这个出版商就是用在银行存钱的方式来充实自己的人情账户的。

充实自己的人情账户，“先存再提”说来有些“现实”，有“利用、收买”的味道，但若从另一个角度来看，和别人建立良好的人际关系本来就有这样的好处，不能光用“现实”的眼光来看。而这些人际关系，必成为你一生中最珍贵的资产，在必要的时候，会对你产生莫大的效用。就像银行的存款，一笔笔地存进去，有急需时便可派上用场。而别人对你善意的回报，有时是附带“利息”的，就好比银行存款生利息一样。

要想使自己的人生顺利，让自己在社会生活中进退有据、得心应手、左右逢源，就要摆正心态，善处人缘，善做人情。在这个世界上，若想活得滋润，活得风光，就必须有一些能使自己成才、成器或成事的路子，包括生存的路子、发财的路子、做官的路子或者成就某一事业的路子。这些路子都不是能靠自己单枪匹马的力量硬闯出来的，而必须借助他人指导、引荐、支持或帮助才能找到方向，踏上征程。从某种意义上说，这些路子都是别人给的，或者说是别人帮助开拓的，那么，天下之大，人事之繁，别人为什么要单给你路子？为什么乐意帮你开拓路子？答曰：人情使然，有了人情，便有了路子。

朋友之间的情谊，是靠人情维系的，所以在做人情方面，一定要看得开，决定去做的人情，一定要做足，做足人情并非自己“自作多情”“一个愿打，一个愿挨”，而是“放长线钓大鱼”。人情做足了，才具有杀伤力，才能把想办的事办好。

汉代叔孙通以制定了朝见帝王的礼仪而大受汉高祖刘邦的赏识，成为西汉开国初期一位引人注目的角色，《汉书》还专门给他立了一篇传记。

其实，他的崭露头角开始于秦朝，早在秦始皇时期，他便以博士的头衔为秦王朝效力了。秦始皇搞焚书坑儒，坑的就是这些有博士头衔的人，当时坑的人数多达四百六十余人，而叔孙通居然能幸免于难，真不知他用的什么手段讨好了秦始皇。

到了秦二世时代，陈胜、吴广农民起义，二世皇帝召来了一帮博士儒生询问对策："南方有一些戍卒攻城略地，你们看该怎么办呀？"

有三十余名博士纷纷进言道："臣民不允许聚众闹事，闹事就是造反，就是不可饶恕的死罪，请陛下立即发兵击讨！"

偏偏秦二世采取鸵鸟政策，不肯承认老百姓会起兵反对他，一听这话脸色都变了，一副怒气冲冲的样子。叔孙通明白了秦二世的心思，立刻上前说道："他们说的都不对。现在天下一家，郡县的城墙、关卡早已摧毁，兵器也早已收缴销熔，向天下百姓表示永远不再用武；而且上有英明的国君，下有严格的法令，官吏们人人恪尽职守，四方百姓心向朝廷，怎么会有人造反？南方那些戍卒不过是些鼠窃狗盗的小偷小摸，何足挂齿，当地的官员早已将他们拘捕杀戮，根本不必大惊小怪。"

叔孙通这番话果然讨得秦二世的欢心，结果，那些说是造反的博士们都被送交司法部门审讯，而叔孙通却得了二十匹布帛，一身衣服的赏赐，并将他的官职升了一级。

等到叔孙通返回住所，那些博士们责问他道："你怎么那么会巴结讨好秦二世？"

叔孙通说："你们太不聪明了，我也险些不免于虎口。"

其实，他已清楚地看出了秦国即将灭亡的形势，当夜便逃出秦都咸阳，投奔陈胜、吴广的队伍去了。陈胜、吴广失败以后，他先后又归顺过项梁、义帝、项羽，最后项羽失败，他归顺了刘邦。

刘邦这个人不喜欢读书人，叔孙通为了迎合刘邦，脱掉了自己儒生的服装，特意换上了一身刘邦故乡通行的短衣短衫，果然赢得了刘邦的好感。

当他归顺刘邦时，有一百多名学生随他而来，可他并不向刘邦推荐他们，而他所推荐的，全是一些不怕死、敢拼命的壮士，学生们不免有了怨言："我们追随先生多年，又同先生一起降汉，先生不推荐我们，专推荐一些善于拿刀舞剑的人物，真不知先生是怎么想的！"

叔孙通说："刘邦现在正是打江山的时候，自然需要一些能够冲锋陷阵的人，你们能打仗吗？你们别着急，且耐心等待，我不会忘了你们！"

当刘邦当上皇帝以后，那些故旧部下全不懂得一点君臣之礼，有时在朝堂上也争功斗能，饮酒狂呼，甚至拔剑相向，刘邦显得很不耐烦，这一点被叔孙通看出来了，他便趁机提议制定一套大臣朝见皇帝的礼仪。刘邦自然同意。

这样一来，他的那些学生都派上了用场，同时他还特地去礼仪之邦——鲁地，征召一批懂得朝廷大典的人，有两个读书人不愿意来，当面指责他道："你踏上仕途以来，前前后后服侍过十几个主子，都是以阿谀奉承而得到贵宠。现在天下刚刚安定下来，百姓死者还没得到安葬，伤者还未得到治疗，国家百废待兴，你却一门心思去搞那远不是当务之急的礼仪。你的作为完全不符合古人设置礼仪的初衷，我不会跟你一起去的，你赶快走开，别玷污我。"

叔孙通一点也不生气，反而讥笑道："真是一个腐儒，完全不懂得适应时局的变化。"

由于他的那一套礼仪极大地提高了皇帝的尊严，使得刘邦十分开心，高兴地说："我今日才体验到当皇帝的尊贵！"

于是叔孙通加官晋级，一次便得到五百金的赐赏，成为朝廷重臣，一直到汉惠帝还恩宠不衰。

叔孙通就是善于储备人情的人。人生的收成不是靠你一个人获得的，因为每个人都是在他人的帮助下和保护下成长起来的。要想得到更多的正面的支持，就需要多多制造一些人情债，让别人常常欠你一些人情。因为欠你人情的人总会带给你意想不到的收获。

一个人不可能只凭借自己的力量去闯世界，即使是那些白手起家且有成就的人，也需要借助众多人的支持才能达到事业的辉煌。说起成功的经验，人们都会对自己讲求信誉和以诚经营而自豪不已。讲信誉，讲诚信固然重要，但增加自己的“人脉存款”，处处做个有心人，时时送给别人一个人情，你的人生之路才能真正通畅，越走越宽广。

关注那些急需要别人帮助的人

两个贫苦的好朋友同一时间死去了，上帝让甲上天堂、乙去地狱，乙喊道：“为什么这么不公平?”上帝回答他：“你也许还记得，有一天你们一起赶路，遇到了一个死去的人，甲把他埋了起来，你却没有动手!”

人们都乐于锦上添花，却很少有人愿意做雪中送炭的事。锦上添花是攀附贵人，日后必定好处多多；而雪中送炭是帮助弱势的人，可帮助他们有什么用处呢？这种想法实在是大错特错，因为那些看起来不起眼的人说不定什么时候就会帮上你的大忙！

还记得韩信和漂母的故事吗？韩信落魄之时，人人都嘲笑他，只有漂母把自己的饭分给他吃。后来，人们眼中的“无用小子”变成了大将军，他以千金回报了漂母的一饭之恩。通常，很多人都热衷于结交富有的人，而鄙视穷困的人，这种做法真的很不可取。

一个人陷入困难之时，是最需要别人帮助的时候，如果你对他（她）伸出援手，他会感激你一辈子。雪中送炭的回报率具体是多少，没有人计

算过，正因为无法计算，所以它更趋于无价。

2010年，我受某位朋友之托，帮他经营起了凯翔（金凯翔教育集团前称）。当时没一分钱工资，只有他口头承诺的40个点的股份，且在后续因经营比较困难，他劝我放弃的时候，我坚持了下来。没有什么坚定的信念，也没有什么华丽的言语，只有觉得收了学生的钱，没讲完课给他们，对不起学生。小郭在和我没见面的情况下就投了三万元进来，这才解决了公司的燃眉之急。正因为小郭的这份雪中送炭援助的可贵，我不想他回国后看到公司破产清算便更加努力经营号公司，同时，作为一名优秀理发师的刘平之前拿四五千块钱工资，现在却愿意过来帮忙打理公司而愿意不拿一分工资，有愿意与我并肩作战的决心。正因为他的这份难能可贵之心以及后来的坚持努力，现在刘平已荣升金凯翔教育集团总经理职位，统管公司各大项目和财务工作。

在别人需要帮助的时候，你伸出援手，拉人一把，使其脱离困境，谓之“雪中送炭”，可贵之处不言而喻。

关键时刻拉人一把，不仅是积善，更是助人。雪中送炭比锦上添花更让人感动，关键时刻往往是考验当事人的时候，也是考验他的人际关系的时候。谁在这个时候伸出援手，当事者永远不会忘记此人。这是建立牢固人际关系的最佳时机。拉人一把，很多时候虽是举手之劳，但是也千万不要吝啬。

美国人弗吉尼亚·格雷夫斯讲了一个及时给予而产生长久友谊的故事。

有一年她生儿子的时候，和一名叫安的妇女住在同一个病房。弗吉尼亚的父亲是个开花店的，每天都给她按时送来一大束鲜艳的玫瑰花。而那个叫安的妇女，却总是一个人孤寂地待在病房里，从来没收到过一朵花，也没人来看望她。当弗吉尼亚第七次收到鲜花时，她感到很不安。因为她从安的眼睛里看出了她的忧伤和郁闷。于是，当她的父亲再次看望她时，她叮嘱父亲也给安带束鲜花。吃完晚餐，鲜花就送来了。

“这次是给你的。”弗吉尼亚将一大捧娇嫩欲滴的玫瑰花送到安的怀抱。安长久地凝视着鲜花，脸上露出了难得的笑容，并深情地说了声：“谢谢！”

30 年过去了，弗吉尼亚早已忘记了这件事，忘了她曾经送花给一个妇女。然而这时，不幸降临在了弗吉尼亚的头上，她的儿子被癌症夺走了生命。报上登了讣告，悲哀的心情笼罩着这个小家庭。在丧礼上，一个邮差送来了一小瓶鲜艳欲滴的花束，卡片上写着她儿子的名字：“献给约翰·格雷夫斯——与你同一天出生在纪念医院中的孩子和她的母亲谨上。”弗吉尼亚望着那只小花瓶，这才认出是30 年前送给那位忧郁的妇女的。弗吉尼亚的内心突然涌出一种说不出的感动和安慰：在这个时刻收到如此美丽的一束鲜花！

这是一种对他人给予的友好报答，是沉积在记忆长河中的感激之情，它在人悲伤的时候，给人的是一种神奇的慰藉。这种给予，给人的是心灵的抚慰。

从这个小故事中我们得到的启示就是：要寻找并看准别人“饥渴”的时机，雪中送炭，及时给予，像“及时雨”宋江、弗吉尼亚一样，那我们就不愁没有朋友了。

生活中，我们容易发现这样的事实：每一个事业有成的人，在成功的路上，都曾经受到别人许多帮助。因此，我们以帮助别人作为对帮助我们的人的回报，这是公平的做人规则。所以做人一定要抛开自私，不能自私自利，应该在别人有困难的时候伸出援助之手。许多人一辈子都不会想

到，自己在帮助别人时，无形之中就已经了投资了感情，因为别人对于你的帮助会铭记于心，只要有机会，他们就会主动报答，实则帮助了自己。

曾有这样一个故事：

在古罗马斗兽场上，一只已经饿了好几天的狮子被放出来了。当时，蜷缩在墙角的囚徒罗支莱斯被吓坏了，他颤抖着捡起长矛，在那里默默地为自己祈祷。他想，自己快要完了，但愿狮子能给自己留下一具全尸，因为此时的他已经没有再生的希望了。

而这只已经饿极了的狮子在放出来以后，大吼一声便迫不及待地向他猛扑上去。罗支莱斯眼睛一闭，把长矛向前一刺，狮子却灵巧地避开了。就在这千钧一发之际，那只狮子就这样突然停止了进攻，并围着这个人打起了转转。然后它停下来，缓缓地在罗支莱斯身边卧下，且温顺地舔着他的手和脚。

这一幕，让全场顿时鸦雀无声。不一会儿，猛地爆发出热烈的欢呼声。这让罗马皇帝感到大为惊讶，破例把罗支莱斯叫到看台上来问个究竟。

原来罗支莱斯在一年以前，曾在路边发现一只受了重伤的狮子，他小心翼翼地给狮子包扎了伤口并照顾它，直到伤口愈合，才送它回到森林。而今天的这只狮子正是当初那只被他救过的。

听完罗支莱斯的讲述，罗马皇帝大为感动，立即赦免了他。

人们说，真正救罗支莱斯的是他本人，而不是那只不失仁义的狮子。正是他自己种下了善良的种子，才收获了善果。这就说明人只要自己帮助了别人，别人也就会来帮助自己，帮人就是帮己。

如果我们善于用善良友好的行为去帮助人，往往会得到同样善良友好的回报；相反，如果我们去做损人利己的事，最后的结果将是害人害己。

良好的人脉关系是在平时的交往和联络中建立起来的。如果你只是出于商业目的而刻意去帮助别人，或者纯粹把它作为促进自身事业发展的一种手段，虽然表面上看起来你与周围的人关系良好，你对别人也友善热情，但别人一旦发现你的意图之后，就不会把你当作真正的朋友。

“予人方便，予己方便”。一个人懂得设身处地地为他人着想，有奉献爱心，得到的是内心的充实、人格的锻炼和思想境界的提高，也同样会得到爱心的照耀、真情的温暖。虚伪换不来真情，冷酷换不来热忱。“有失道的因，就必定会有寡助的果。”人不能总为自己活着，要学会替他人着想，这样自己才能活得更舒坦，更有质量。

人的一生不可能一帆风顺，难免会碰到失利受挫或面临困境的时候，这时候最需要的就是别人的帮助，这种雪中送炭般的帮助会让原本无助的人记忆一生。

推销自己就是展示别人对你的需求性

在建立人脉网络的过程中，你可能是一个很讨人喜欢的人，但若是你能够被人需要，那么就是再好不过的了。

其实，每个人的身上可能都会有某些东西是被他人所需要的，要想很好地将这一面展现出来，就需要掌握一些表现自己的技巧了。

1. 在小事上表现自己

人往往都有从一点一滴的小事评价一个人的习惯，若是你不将小事放在眼里，认为自己的能力根本不屑于发挥在小事上，那么一旦别人遇到比较棘手的问题时，第一时间是绝对不会想到你的，因为你对小事的满不在乎让人望而却步。

2. 在谈话中表现自己

谈话可以体现出一个人的修养和学识，若是你的言谈举止能够做到有

条不紊、幽默诙谐的话，那么一定会给他人留下良好的印象，有了这样的好印象，当他人需要某方面帮助的时候，就会第一时间想到你。

3. 在关键时刻表现自己

关键就是考验，而大多数人却总会犯下在关键时刻掉链子的错误。要记住，在某些重要的场合下，你一定要比平时表现得更出色，比如，面对一场激烈的学术辩论会时，知识渊博的你必须发挥出平日积累的学识和言语上的特长，从而脱颖而出，成为被他人所需要的对象。

4. 在了解对方的情况下表现自己

想要被他人所需要，在做事情时就要投其所好，当你了解了对方的喜好、特长、交往习惯的时候，就更加容易让对方接受你，你便能够成为他人眼中善解人意且富有魅力的人了。

5. 在对方看不到的情况下表现自己

或许你所做的事情对方当时是无法看到的，但也不要忘记表现自己。比如，在工作中，尽管顶头上司没有坐在办公室里，你也要一如既往甚至比往常更卖力地工作，这种表现一定会通过其他途径让上司得知，当你的上司需要一个踏实肯干的副手时，第一个想到的就是你。

6. 在突发性事件上表现自己

面对某些突发性事件，很多人可能会怕冒风险、怕担责任而不愿意理会，而你若是能在这样的时刻表现出自己化险为夷的能力，就一定会受到他人的肯定，成为被需要的对象。

第三章　使短板不短，甚至成为长板

在人际交往中，我们要想在他人的心目中留下好的印象，建立良好的关系，就必须懂得扬长避短，将自我的优势发挥出来，让短板不短，甚至变成自我的优势。怎样去做，这就需要我们对自身有一个较为清晰的认知。

加深对自己的了解，知己之长，更要知己所短

亨利·沃德·比彻尔说："一个人需要思考的，不是自己应该得到什么，而是自己是什么。"也就是说，我们首先要认识自己，才能获得自己想要的东西。你也许会说，我对自己的认识已经很清楚了。是的，透过镜子，也许可以看到一个你平时看不到的自己，却难以直视内心里的那个你。现在应该问的是：你究竟有多了解你自己？你对自我形象的固有认识对你的成功有帮助吗？

很显然，这种了解是一种浅层次的了解，带有个人偏见的了解，甚至这种偏见之中带着不少的错误。所以，我们很难找到适合自己的位置，也就无法尽最大能力发挥出自己的价值。

那么怎么办呢？加深对自己的了解，即对自己有一个深层次的了解则是关键。

伟大的马克思有许多天赋，但他在写给燕妮许多诗后，发现自己并不具备杰出的诗才，并作了深刻的自我解剖：模糊而不成形的感情，不自然，纯粹是从脑子里虚构出来的。现实和理想之间的完全对立，修辞上的

斟酌代替了诗的意境。

作家朱自清也曾分析过自己缺乏写作小说才能的短处，在散文集《背影》自序中说："我写过诗，写过小说，写过散文。25岁以前，喜欢写诗，近几年诗情枯竭，搁笔已久……我觉得小说非常地难写，不用说长篇，就是短篇，那种经济的、严密的结构，我一辈子也写不出来。我不知道怎样处置我的材料，使它们各得其所。至于戏剧，我更始终不敢染指。我所写的大抵还是散文多。"

为什么马克思的思想很伟大？为什么朱自清的散文总是写得那么到位，那么吸引人？归根结底，这和他们对自己有深入地了解，找准自己的位置是分不开的。然而，我们身边的很多人，却没有做到这一点，在选择工作、生活方式上总是表现得"驴唇不对马嘴"。比如，一个性格内向的人原本应该选择内线的工作，却偏偏要跑去做销售，名义是"挑战自己"，实际上则是和自己的性格背道而驰，即便你再挑战，结果也是不尽如人意；同样的道理，如果当年朱自清勉强要去"挑战自己"写诗歌，那么很有可能中国文坛上不会出现《荷塘月色》的美文，而只会多出一个蹩脚的诗人。

因此，在做任何事情之前，我们都要考虑到自己的性格，对自己有一个足够的、深入的了解，只有这样，我们才能真正把准自己的脉，选择好、做对事情。那么，我们在了解自己的基础上如何再加深对自己的了解呢？

1. 列出性格关键词

所谓性格关键词是指那些能够准确概括你性格某一方面的词语，如诚实、内向、自信等。在此要注意一点，在选择这些性格关键词的时候，不是你认为别人会如何看你，而是你如何看你自己，把这些以任意的顺序写出来。并且选择的时候要考虑到多个方面，毕竟我们的人格都有多个方向，而每一个方向对于我们的行为和我们的成就，都会有一些影响。比如，工作、生活、交友、处理问题等方面。

2. 拓展关键词，描述自己的性格

列出性格关键词之后，接下来我们要做的就是拓展这些关键词，从而准确描述这些关键词所代表的性格。例如：如果你的性格关键词中有“自信”一词，那么你就可以将它进行扩展：在演讲的时候，我表现得非常自信。或者说：在待人接物方面，我总是表现得很自信……我们之所以要这样做，目的就是要明确个人的性格在这些具体的方面有什么具体的表现，这样才有利于深入地了解自己。

3. 个性比对，确认性格

拓展完自己的性格关键词之后，接下来要做的就是对这些拓展之后的性格进行比对，然后确认是对还是错。同样以“自信”为例。如果你拓展之后的描述是这样的：在演讲的时候，我表现得非常自信。那么你就可以扪心自问一下，在演讲的时候，我真的表现得非常自信吗？在这中间，我一点紧张、慌乱的情绪都没有发生吗？如果有，那么就不是非常自信，而是一般自信。或许很多人不知道为什么要区别这一点，其实很多时候我们认为自己能做某些事情，而实际上并不能够做好，这和对自己个性不是完全了解有着密切的关系。甚至有一些在平时表现自信的人，到了一个新的、更大的场合之后就会出现怯场的情况。

4. 寻求别人的验证

你的性格究竟是什么样的，人们大多时候会出现“只缘身在此山中”的感觉，所以，在确认之后我们还应该寻求别人的验证。毕竟，你自身的感觉和别人的感觉是不一样的，你感觉自己非常自信，但是在别人眼中却有点怯场；你感觉自己待人接物做得很到位，但是在别人看来还是有很大的欠缺等。通过寻求别人的验证，我们可以更加深入地、全方位地了解自己的个性。

5. 测试自己的性格

既然性格基本已经确定，最后一步就是测试自己的性格，即通过日常生活、工作的一些事情来测试自己的性格是不是就是自己所说的那种类型。比如，在做一些事情的时候，是不是就表现得很自信，是不是不会出现任何慌乱的情况。如果是，那么你就可以确定你的性格当中有自信的一面。认识到这一点之后将会对你的工作、生活方式的选择起到很大的帮助。

重新定义自己

在面对很多意想不到的打击和挫折之后，我们总是归结于命运在捉弄自己，其实并不是如此。命运掌握在我们自己手中，如果你非得要说是命运在捉弄你，其实也就是你自己在捉弄你自己。

为什么会出现这种情况呢？原因就在于你没有给自己做好定位。一个聪明的人，在出现一个错误的时候，就会及时停下来，重新审视自己的行为和决定，甚至开始重新定义自己是否适合这样的工作、是否能接着走下去、是否需要调整自己的计划等。只有在错误之后重新审视自己、重新定义自己，才不会出现一错再错的情况。

穆拉·纳斯鲁汀先生是一位很有灵气的作家，看上去一副风流倜傥的样子，很惹周围女人们的喜爱。婚后15年，他终于因爱上一个比自己小许多的姑娘而同妻子离婚，落得个一无所有的下传。

但是他并不在意，因为他天生是个情种，只在乎爱情，其他一切均不放在心上。他携这位姑娘出外闯荡，在孟买开设了一家小公司，是那种经营出版、发行图书刊物的公司。虽然他懂这方面的业务，但他讨厌经营。于是，他把公司里的一切交给了女友，自己则在家写书。

几年后，公司有了些发展，女友赚了些钱，而他的作品却没人认可。这时，女友认为他无能，提出分手。他带着绝望的心情离开了那位女友，甚至连死的心都有了。

经过一番垂死挣扎，他的一位旧友要他去公司帮忙，工资不菲，与此同时，他又有了新的所爱，一位心地善良的公务员。这就像他生命里的一点微光，拯救了他。几经磨难之后，他觉得无论如何也不能失去这一副“拐杖”了，不然的话，他简直没有办法再活下去。

但是，让他没想到的是，他几乎是在同时丢失了工作和新女友。他真的想一死了之。他不止一次对自己说：纳斯鲁汀先生，你无法再活下去了，死吧，去死吧！

毕竟，死也不是件容易的事。他靠朋友的接济过活，几乎跑遍了整个孟买，也没找到一份适合自己的工作。这时，纳斯鲁汀真正意识到自己老了，他再也不是那个风流倜傥的知名作家了。他开始重新审视自己的生活，第一次意识到自己应该像个真正的男人那样立志发奋。

于是，他开始了刻苦努力的创作，最后他的努力终于得到了回报，一下子签订了几本书的写作合同。

从此，纳斯鲁汀先生再也不相信什么“拐杖”了，他只信奉：把命运紧紧抓在自己手中才是最可靠的！

在我们身边，类似纳斯鲁汀先生遭遇到一连串挫折的人并不少，幸运的是，纳斯鲁汀先生最终意识到了问题的所在，重新定义了自己，改变了生活的策略和重心。可是，我们身边的很多人还深陷“祸不单行”之中，甚至还不知道问题究竟出在哪里。

其实，解决这些困惑的方法很简单，就是重新定义自己。即重新审视自己：我是一个什么样的人、我适合什么样的工作、我应该有什么样的目标计划等。

那么具体到实际当中，我们该如何去做呢?

1. 找出自己的错误

既然出现了错误，甚至是“一错再错”，那么我们就应该找出这些错误，这是审视自己的第一步。很多人出于各种各样的目的，在出现错误的时候并不是想方设法找出错误之处，而是想着去隐瞒错误、掩盖事实的真相。很显然，这种做法对于自己是非常不利的，也正因为如此，很多人不仅没有意识到错误，而且还一错再错，导致“祸不单行”结局。所以，在出现错误的时候，不要想着去隐瞒，而是应该勇敢地找出错误，揭开自己的伤疤，这样才有利于寻找问题的根源，改变自己的人生轨迹。

2. 明确错误的原因所在

找出错误之后，接下来要做的就是剖析错误，明确错误的原因所在。我们都知道，治病要讲究“对症下药”，所以我们首先应该做的就是找出病症，即找出问题的真正原因。打败挫折和治病其实是一个道理，如果你不知道挫折到底因何而起，那么也就容易出现“病急乱投医”的情况，不知道如何做才能真正改正错误，让自己的人生轨迹朝着有利于自己的方向前行。

3. 重新审视自己的目标

任何一个人的价值都与他本身的前进方向、目标紧紧联系在一起，特别是目标，对于人们的指引作用更是不可小觑。在出现一连串错误的时候我们应该做的就是重新审视自己的目标是不是出现了问题：太高，太低，还是太不现实？一旦出现这种情况，就应该及时地进行调整。

4. 制订新的计划

目标改变之后，计划也要相应作出调整，这也是重新定义自己的一个重要内容。毕竟计划的正确、合适与否将直接关系到行动的正确性与否。很多人之所以会出现一系列的错误，与其计划严密有着很大的关系，有的计划太过于混乱，而有的则太过于精细，和现实不符合。其中的任何一种情况，都可能导致错误的发生。

5. 重新审视自己的做法

做，是最重要的一个环节，即便目标正确、计划正确，如果做得不好，同样会出现错误。所以说，出现错误，不仅仅要检查目标、计划是否合适，而且还需要检查自己的做法是不是正确的，是不是符合流程、程序规定的。如果不是，立即改正。

从别人眼中找到真实的自我

人们经常说这样一句话：人最难认识的不是别人，而是自己。原因很简单，我们总是自以为是地认为自己是一个什么样的人，而实际上并不是我们所认为的那样，甚至正好相反。例如：有的人总觉得自己是一个非常有自信的人，能自主地和别人交谈、不怯场……可是在别人眼中，这些人并不是真的自信，而是一种被逼无奈之下的举动：面见客户，他不得不和对方交谈；谈判桌上，他不得不把场面给撑下来……甚至在和别人交谈的时候会因为过于紧张而出现冷场的情况。

由此可见，在认识自己的过程当中，不仅仅要根据自己的想法来判断，还要善于借助别人的眼睛，从别人眼中找到真实的自我。

小蒙总以为自己是一个非常懂得为人处世技巧的人，她总是能够明确地了解别人需要什么，然后送给对方什么。按理说，小蒙身边应该有很多的朋友才对，可遗憾的是，小蒙至今没有一个知心朋友，她的身边来来往往很多人，却始终没有一个能和她走到一起。

那么究竟是为什么呢？其实每天和小蒙接触的人非常清楚：小蒙这个人不会为人处世，甚至根本不知道如何满足别人的需求。这又是怎么说呢？事情还得从小蒙的同事小黄说起。

2009年9月9日，是小黄和她丈夫举行婚礼的日子，在这个大喜的日子里，同事们都纷纷包了红包给小黄，唯独小蒙没有这么做。她的理由就是谈钱太俗，她要给对方送一些实用的东西，于是她就买了一大堆小孩子穿的衣服当作结婚礼物送给了小黄。

结婚大典上，当人们看到这些小孩子衣服的时候，都非常惊讶地看着小黄：难不成小黄怀孕了？虽然小黄一再解释，但是婚礼嘉宾还是将信将疑，这一幕让小黄尴尬不已。而这一切的始作俑者小蒙却觉得自己的做法很有创意，很实用。

经过这件事情之后，小蒙的"恶名"就在办公室间传播开来，人们都知道了小蒙是一个"少根弦"的人。但是她却始终认为自己是一个很会为人处世的人，并且还固执地这么做下去……毫无疑问，类似的笑话不止一次地在她身上上演。久而久之，她身边也就没有朋友了。

看了小蒙的故事之后，我们都深深地为她感到遗憾：这样一个不懂得为人处世的人竟然还固执地认为自己具备为人处世的技巧。暂且不说她的理由是什么，就凭她不懂得察言观色来看，她就是一个不懂得从别人眼中寻找真实自我的人。试想，如果小蒙能做到这一点，那么类似于"将小孩子的衣服当成结婚礼物送给对方"的"乌龙之事"也就不会发生了，她的身边也就不会缺少朋友了。

由此可见，无论是在日常工作当中，还是在日常生活、为人处世当中，如果没能从别人眼中找到真实的自我，对于自己形象的展示、价值的发挥则有着很大的障碍。从别人眼中找到真实的自我对于个人的发展来说，发挥着巨大的作用。

那么，我们该如何做才能从别人眼中找到真实的自我呢？

1. 通过观察来寻找

所谓观察并不是观察自己，而是观察别人。包括观察别人的言谈举止、行为表现等。比如，我们在和对方交流的时候，可以通过观察对方的脸色、说话的口气、行为的协调性等来判断自己是一个什么样的人。以小蒙为例，如果她能观察到小黄面对一大堆婴儿衣服时的尴尬，就应知道这件事情自己做得不好、不到位，应该及时改正。可遗憾的是，小蒙没有这么去做，也不懂得这么去做。所以说，她并不是一个懂得为人处世的人。

2. 通过交谈来寻找

如果你的事情做得不好、不到位，那么你在和对方交谈的时候，肯定能从对方的口气当中听出这一点。虽然很多时候，对方很给面子，没有明说，可是凭其说话的口气、说话的态度、眼神的闪烁就可以辨别出来。当然，这需要我们在和对方交谈时有一颗敏感的心。

3. 通过第三者来寻找

别人对我们有什么意见，可能不会明说，但是可以通过第三的嘴传达出来。举个很简单的例子：A 对 B 有什么意见，A 可能不会直接对 B 说，但是 A 可以在和 C 聊天的时候表达意见，那么 B 就可以通过第三者 C 来找到 A 眼中的自己。当然，要想做到这一点有一个非常必要的条件：B 必须具备良好的信息收集能力。

4. 通过聆听对方的想法和建议

如果用心聆听对方的想法或建议，对我们自己认识自己会有很大的助益，但这里要注意两点：第一，要选择好对方。对方必须是那些真心为我们着想的人。只有这样，他们的意见和建议才值得我们去聆听。第二，聆听并不是完全的服从。毕竟我们无法满足所有人的期待；而且最终的目的，是透过别人像是照镜子一样看清楚自己，然后表现出真实的自己，而不是一味地把自己塑造成别人眼中完美的形象。

提高自己的个人魅力

这是一个标榜个性的年代，有个性的人和没有个性的人所作出的价值是不一样的。可是，在我们身边有很多人对“个性”的理解产生了偏差。个性除了性格方面的标新立异之外，还具备另外一层意思：具备自己的个人魅力。只有你具备了属于你个人的魅力，你才能被别人所发现，才能找到属于自己的位置，你的才能才能发挥到极致，才能创造出属于自己的价值。

有个年轻人很有才气，也很有理想抱负。他想通过自己的能力创造一番事业，并且开始积极行动。可是试了很多次，他都失败了，而且每次都是败在别人的不看好、不支持上，甚至他都找不到合适的帮手来帮助自己。

“难道自己所选定的项目不行？”年轻人开始苦苦反思，“可是做这个项目的人这么多，为什么别人都能成功而自己不行呢？”

为此，他专门找到了一个相关的咨询公司，就这些问题进行了咨询。在这种简单的一问一答当中，咨询公司负责接待的很快发现了问题的所在：年轻人的身上没有任何的魅力，他不仅不懂得使用幽默的语言，甚至在和别人交流的时候连最起码的礼貌都不懂得，说话的时候总是低垂着头，眼睛看着自己的鞋子，不管别人说什么，他既不赞同，也不反驳。这样一个人，又怎么能找到帮手，做好事情呢？

在明白了事情的关键问题所在之后，年轻人决定开始改变自己，想方设法提高自己的魅力。

经过半年多时间的“修炼”，年轻人再也不是当年的那个“愣头青”了，他成了一家小型企业的老板。经过这些事情之后，年轻人说出了自己的心声："如果你不具备个人魅力，那么你身上就没有独特的标志，即便别人见过你很多次，也不会记住你。相反，如果你具备了魅力，只要一次，你的名字就会在别人的脑子中回旋，机会自然而然就容易垂青于你了。"

毫无疑问，我们都想做一个魅力十足的人：在聚会上似乎万人熟；在人群中游刃有余，顶着光环，众人像铁之于磁石那样地被他吸引；让人们觉得"多棒的家伙"；似乎他拥有这一切特质……可事实上很多人没有做到这一点。或许有的人还没有发现自己的魅力所在，而有的人即便发现了，却没有"重点培养"自己的魅力，乃至于"沦落"为一个平庸之人。

那么，在实际当中，我们该如何发现、提高自己的个人魅力呢?

1. 先搞定自己的生活

如果你连自己的生活都搞不定，有了上顿没下顿，魅力从何谈起？如果你的生活存在问题，你就无法装出拥有魅力的样子——无论是家庭琐事，或是关系问题等，都会压得你挺不起腰。

让你的生活走向正轨。付清账单、把钱存进银行、原谅他人、勿怀嫉妒、对所有人都彬彬有礼、解决人际关系中的所有问题、拥有生活的激情、拥有梦想并去追求、合理饮食、锻炼体魄等，你会发现当你身体力行这些之后，魅力就会不请自来。

2. 得体的着装

虽然这一点很多人都知道，但是真正做到的人却并不多。关键还是很多人都不知道何为得体的着装。这里有一个非常简单的衡量标准：你自己看着是不是顺眼。如果你自我感觉还不错的话，那么对于别人来说，感觉也不会差到哪里去。就是说，如果你自我感觉良好，那就容易让他人感觉良好，而且你对自己外形的担忧越少，就越能把注意力放在别人身上。你对你自己越满意（亦称自信），就越容易施展魅力。

3. 预交际

所谓预交际是指在和别人交际之前先找个人交谈一下，只是进行一次轻松的对话，如店员、电梯里的人、保安等，可以以“你怎么样?”“今天很忙，是吗?”“我喜欢你的外套。可以问一下你在哪儿买的吗?”等切入。我认为预交际会让你处于一种可以和任何人交谈的最佳状态，这是展现魅力的不二法门之一。

4. 跟所有人随意交谈

在一些交际场合，千万不要做蜷缩在角落的丑小鸭，更不要一个人啜着饮料，守株待兔地等人说话。要反客为主，开始和所有人谈话。只要你主动和别人交流，在人群中四处活动，向每个人问长问短，他们都会变得神采奕奕，而且会友好地回应你。去认识人，然后把这些人介绍给那些人。

不要根据社会圈子做出区别对待，所有人都是等同的。溜冰健将、艺术家、经济学家、股票经纪人、律师、医生、企业家、站在角落里的家伙、服务生以及所有人，都同他们交谈。和所有人说话，并让他们感到宾至如归。你需要做的只是让事情开始运作起来。一旦你开始和生人说话，并能侃侃而谈，你就会成为一只永不停歇的社交蝴蝶，你的魅力将无法阻挡。

5. 学会恭维别人

真诚地去恭维别人。恭维如同水和食物，每个人都需要，因为每个人的自尊总能获得些许提高。不要像其他人那样使用些陈词滥调。要记住，你是个富有魅力的人，你必须要高人一等。要想出一些真正具有杀伤力的奉承话。

6. 别忘了触摸的力量

当你触摸某人时，身体会分泌出一种叫做催产素的荷尔蒙。研究显示：触摸别人会增进人们之间的亲和力与信任。催产素也是一种能产生好感的荷尔蒙，所以当别人分泌出催产素时，就会对你产生好感。显然，对此你要做出更好的判断，不要去骚扰别人。另外，在触摸时要机智老练一些，对于这一点，我们可以向一些女人学习。比如，在表明看法时会轻拍对方的前臂，或者当你在与别人交谈时可以开玩笑似的拍击一下对方的肩膀。

7. 微笑，积极正面的形象

微笑是最好的表情，让别人在与你交流之后感觉舒畅很多，这正是富有魅力的人的看家本领。他们还有一种轻如羽翼的质感，那就是将微笑和良好的感觉带给同他们接触过的所有人。

另外，还要注意在交谈的时候，要谈论积极的事物，避免消极的事物。你总会遇到这样一些人：他们在交谈时带入一些消极因素，从而把一次愉快的谈话变得尴尬不欢。如果碰到这种情况，试着巧妙地指出事情的积极方面。要是无法挽回，那就借故告退，另寻他处，因为没必要成为低级谈话圈的一部分。

不要迷失自己

曾经看到这样一则古代的笑话：一位解差押解一位和尚去府城。住店时和尚将他灌醉，并剃光他的头发后逃走。解差醒时发现少了一人，大吃一惊，继而一摸光头转惊为喜：“幸而和尚还在。”可随之又困惑不解：“和尚在，那我在哪里呢？”为什么解差要问这个问题？很关键的一个原因就是：他把注意力都放在了别人身上，没有对自己形成一个足够的认识。换句话说：解差迷失了自己。

其实在现实生活当中，迷失自己的人并不少：他们不知道自己要做什么、能做什么、对于别人来说自己还有什么价值。很显然，这些人肯定没有找到属于自己的位置，也没有发挥出自己的能力，创造出自己的价值。

对于他们来说，首先应该做的就是找到自我、把握自我。

许多年前，一位叫洛蕾丝的24岁的年轻妇女无意中读了美国心理学家纳撒尼雨·布兰登的一本书，于是找他来进行心理治疗。洛蕾丝有一副天使般的面孔，可骂起街来却粗俗不堪，她曾吸毒、卖淫。这并不是说她的本性是坏的，而是她受到了周围人不好的暗示。要治疗洛蕾丝这类人，最好的办法就是让她走出这种不好的暗示，学会了解自己、把握自己。

起初，布兰登用催眠术使洛蕾丝回忆她在初中是个什么样的女孩子。结果显示，当时的洛蕾丝很聪明，但是不敢表现自己，怕引起同学的嫉妒。她在体育上比男孩强，招来一些人的讽刺挖苦，连她哥哥也怨恨她。这些经历使得洛蕾丝在心里面埋下了一个阴影：我是一个不受欢迎的没用的人。也正是这个阴影，将洛蕾丝带入了歧途。

布兰登让她做真空练习，她哭泣着写了这样一段话：你信任我，让我找到了我自己，你使我感到痛苦，也感到了希望！你把我带到了真实的生活，我恨你！

一年半后，洛蕾丝考取洛杉矶大学学习写作，几年后成为一名记者，并结了婚。10年后的一天，布兰登和她在大街上邂逅相遇，布兰登几乎认不出她了：衣着华丽，神态自若，生气勃勃，丝毫不见过去的创伤。寒暄过后，她说："是你让我找回我自己，让我了解了我自己，也让我把握了我自己。说实在的，我当时以为我这一辈子都要那样浑浑噩噩地过下去了，但是非常幸运，我遇到了你。那时我非常恨你！承认我是谁，我到底是什么人，这是我一生中从未遇到的事。人们常说承认自己的缺点是多么不容易的事，其实承认自己的美德更是不容易。"

洛蕾丝又重新找回了一个新的自我，最终成为对社会有所贡献的人。

正如案例中的洛蕾丝一样，很多人都无法找到自我，不知道自己能做什么、该做什么，以至于觉得在这个世界上找不到自己的位置。即便是活着，也总觉得自己是为别人而生活的，每天都要从别人的眼神当中来判断自己做的到底是对还是错，每天都要千方百计地思考别人是不是给了自己什么暗示……

那么如何才不会让自己迷失呢？

1. 面对并接受自己

所谓面对自己实际上就是要接受自己，包括自己的优点和缺点，它们的存在才真正构成了一个完整的你。无论你自己承认与否，这些都是客观存在的事实，你可以去改变，但是首先得承认并接受。

很多人因为自己身上有一些不好的、无法磨灭的灰色印记，就开始抛弃自己、放任自己。就如案例中的洛蕾丝一样，因为自己曾经不被别人接受，并且做了一些不光彩的事情，就开始自暴自弃，无法正确地面对自己，更不能接受自己，最终将自己迷失在心灵之外。所以，在面对自己缺点的时候，不要将缺点隐藏起来，不要不愿意去面对。否则，这和“掩耳盗铃”的笑话又有什么区别呢？要认识自己，首先必须要面对自己、接受自己。

2. 了解自己的工作价值

很多人虽然工作了近一辈子，却始终不知道自己工作的价值是什么。唯一知道的就是如果不努力工作，企业的经济效益就会受到影响，所以他们把“给企业带来效益”当成自己工作的价值。这种说法并没有错，但是并不完全。例如：一个公交车司机的价值并不仅仅是为公司带来效益，而且还包括保证乘客的人身安全，使人们能够安全、快速地到达目的地。这个价值比给公司带来效益的价值还要大，而且要大很多很多。

所以说，了解到自己工作的真正价值之后，你才会发现原来自己是这样一个人，是一个不可或缺的人，那么你也就不可能迷失自己了。

3. 不要太在意别人的说法

为什么很多人容易在别人的众说纷纭当中迷失自我呢？因为他们太过于看重、在意别人的说法。A 说这个问题应该用这个方法解决，他就用这个方法解决；而遇到 B，B 说这个问题应该用那个方法解决，你就很容易被搞迷惑：到底用什么方法解决？久而久之，你也就失去了主见，完全按照别人的方法去做，自然而然也就找不到自我了。

4. 站在自己的角度看问题

同样一个问题，站在不同的角度去看结果则完全不同。就像桌子上的一个杯子，从侧面去看，是一个圆柱体，而从上面去看，则是一个圆形。我们不可能同时从不同的角度去看，而只能从自己的角度去看，得出自己的结论，这样你才不会被别人的意见搞乱。杯子是圆的还是扁的，完全是你自己看到的那个形状，和别人看到的一点关系都没有。

5. 拒绝消极的暗示

这种暗示分为两个方面：第一是自我的心理暗示；第二是周围人给自己的暗示。如案例中的洛蕾丝，她之所以会迷失自己，就是因为接受了周围人对自己的负面效应，使得自己都不知道自己到底是一个什么样的人，完全按照别人的暗示来认定自己。显然，这样做不容易找到自我。

正视自己的优缺点

我们每个人都是被上帝咬过一口的苹果，所以我们生来就不是完美的，有优点也有缺点。有些人面对自己的缺点，总是想办法遮掩，害怕别人笑话。其实，这样做不仅不会给自己带来好处，相反，还会带来一些负面的影响。比如，别人会认为你虚伪、不能正视自己的缺点而做错事情、让人感觉你不真实……正确的思维是：坦然面对自己的缺点，不有意掩饰，敢于挑战自我，承认缺点，这样在赢得大家尊敬的同时还能准确地找到属于自己的位置，创造自己的价值。

有个小伙子身材矮小，相貌一般，无德无才，并且天性害羞，害怕交际。有一次被逼着去参加卡拉 OK 大赛，他自己也没有想到，竟然差点儿拿了奖。

就在这一次的大赛中，有一个参赛的女孩引起了他的注意。她温柔的语气给小伙子的第一感觉是，她是个文静的、多才多艺的女孩子。尽管她相貌平平，不怎么漂亮，却使小伙子陷入了单相思。按照一般人的想法，喜欢对方就去追啊。小伙子也想这么做，可是想想自己，身材矮小，相貌一般，无德无才，凭什么去追这样的女孩？经过一段激烈的思想煎熬，小伙子终于给她寄去了一封情书。

信发出后，小伙子无时无刻不在期盼着她的回音。但一个多月过去了仍无音讯，小伙子的心凉了。就在希望即将破灭之际，小伙子从别人那里知道了这个女孩子的电话号码。经过一番思考和准备，小伙子终于鼓足勇气拨通了这个电话号码。

电话终于接通了，她的声音出现在话筒里，依旧那样的温柔，而小伙子原先准备的“台词”此刻一点也未用上。怎么办呢？小伙子还是逼自己至少跟她聊上五分钟。最后五分钟过去了，他们还没有放下话筒，但是聊的不外乎生活、学习上的一些琐事。就这样，每个周末他们通过电话线来拉近彼此的心，彼此了解对方。后来，小伙子终于把她约了出来，度过了一个美妙的夜晚，感受到了初恋的美妙感觉。

后来这位小伙子才知道，这个女孩子心中的白马王子的形象就是他自己。虽然个子矮，但是女孩子个子也不高，相差太大反而不好；虽然相貌平平，但是心地善良，不会欺骗别人……

最终这个小伙子总结出了一个结论：只要你善于正视自己的优缺点，

你总能找到自己的位置，创造自己的价值。

正如这个小伙子所说的那样，这个世界上，十全十美的人是不存在的，每个人都会有优缺点，我们所要做的并不是掩盖其中的缺点，而是正视自己的优缺点，帮助自己寻找到自己的位置。

那么，我们该如何正视自己的优缺点呢?

1. 不要隐藏自己的缺点

不能正视自己优缺点的人最明显的一个表现就是隐藏自己的缺点，似乎在这些人眼中，只要把这些缺点隐藏起来了，这些缺点也就不存在了。那么事实是不是就是如此呢?很显然不是，缺点是客观存在的，无论你怎么隐藏它都是存在的。我们要做的并不是隐藏，而是将它表露出来，然后努力去改正。

2. 不要埋没自己的优点

或许很多人受到“谦虚”、“低调”的教育影响太深，以至于在别人发现自己身上有一些优点的时候，他们不但不高兴，反而想方设法来埋没自己的优点。显然，这样的做法也是不正确的。要知道，这是一个优势决定帝国成败的年代，如果你不发挥自己的优势，就很难实现成功。

3. 勇于接受别人的批评

很多人在面对别人批评的时候总是不愿意承认自己的错误和缺点，这也是一种不能正视自我的表现。既然是缺点，别人给你指出来了，你就应该痛快地接受，而不是躲躲闪闪，不愿意承认。

4. 利用自己的优势

在现代这个社会，优势是可以创造价值的，既然我们身上有这些优势，为什么不拿出来利用呢?或许有的人是害怕别人的闲话、有的人是害怕失败……无论是哪种情况，都是不能正视自己的表现。

是否具备积极心态

一个瓶子中装了半瓶水，乐观的人会说，太好了，瓶子里还有一半的水呢；而悲观的人则说，太糟糕了，只有半瓶水了。人的一生基本上都只有相对的成功，就如同瓶子中装了半瓶水，就看你怎样看了。

一个心态积极的人总是能在各种各样的环境中找到自己的位置，并且创造价值。而一个心态消极的人即便已经处在了这个位置之上，他们也不会寻找合适的机会来创造价值。

说起积极的心态，或许大家都听过这个故事：

两个人同时到火车站去买车票准备出去打工，小王准备买一张火车票去北京，他听说北京是个不错的城市，他相信凭借自己的努力一定能闯出一片天地。小唐准备买一张火车票去上海，他听说上海这个城市比较发达，他相信那里肯定不愁吃不愁喝。

就在他们俩买了火车票准备上车的时候，小王和小唐听到旁边的人说了一句：上海这个地方真差劲，连喝个水都要买，人家北京就比较好，无论你走到哪里，都有人施舍干净的饭菜给你，在上海，你没有钱肯定会被饿死，而在北京，你肯定不会饿着冻着。

听到这样的话，小王和小唐陷入了思考：

小王想：在上海连水都要掏钱买，那么我在那里做什么事情不能挣钱啊，我决定不去北京了，我要去上海。

小唐也在想：北京这个地方饿不死人？真好，我决定不去上海了，我要去北京。

于是两个人在退票处相遇了，小王拿到了小唐去上海的车票，而小唐拿到了小王去北京的车票。

同样的起点，不同的选择最终决定了他们不同的命运。

五年时间过去了。来到上海的小王凭借自己的努力，终于闯出了一番天地，成了一个公司的老总；而来到北京的小唐每天靠着别人的接济艰难度日，甚至好几次被收容所收容。

那一年，小王带着自己公司的员工来北京旅游，在火车站附近，他随手将手中的零钱递给了一个脏兮兮的乞丐，就在他回首一瞥的时候，他突然间惊呆了：这个人他曾经见过，那就是五年前和自己换过车票的人——小唐。

这就是不同的心态最终导致不同结局的最好例子。其实在现实生活中，也有很多类似的例子。

日本的水泥大王浅野一郎，23岁从乡下来到繁华的东京时，看到有人用钱买水喝，感到很奇怪，水还用钱买吗？面对此情景，有的人会这样想：东京这个鬼地方，连用点儿水都要用钱买，生活费用太高了，怕难以久居，于是便离开东京。可浅野一郎并不这么想，他从这件事中看到了生机：东京这个地方，连水都能卖钱。他一下子振奋起来，从此开始了他的创业生涯，后来终于成为东京的水泥大王。

无论是故事中的小王还是日本的水泥大王浅野一郎，他们都是用积极心态去思考、行动的人。在他们面前，无论现实情况有多么糟糕，他们总是能很好地做好自己的事情，完成自己的任务。从某种程度来说，要想获得成功，就必须具备积极乐观的心态。

那么如何才能具备积极乐观的心态呢？

1. 寻找消极事态之中的积极因素

任何一件事情，都有积极的一面，即便是消极的事情，也是如此。遇到事情时，我们应该往好的方向想。有时，越担惊受怕，越受遭灾祸。此时，我们要努力去寻找积极因素。这样，你就不会放弃取得微小胜利的努力。你越乐观，克服困难的勇气就越大。

此外，我们还可以把思路转到别的事情上，诸如回忆一段令人愉快的往事。这样，自信心自然也就增长了。

2. 拒绝幻想，脚踏实地解决困难

面对逆境的困扰，不要幻想出现奇迹，那样只会耽误你的时间。我们需要做的就是脚踏实地、坚持不懈、全力以赴地去争取胜利。当然，期我们必须接受困扰的现实，千万不要因为问题没有一下子得到解决而变得浮躁、悲观。

3. 给自己积极的影响

给自己积极的影响包含三个方面的内容：第一，努力接近乐观的人，观察他们的行为，培养自己乐观的态度；第二，以幽默的态度接受现实中的失败。利用幽默轻松地克服噩运，排除随之而来的倒霉念头；第三，当自己失败时，你要想到你曾经多次获得过成功，从而改变自己的心绪，不至于被失败所打倒。

4. 化悲观为乐观

在悲观情绪之下，我们并不是无能为力的，其实我们完全可以通过自己的努力将悲观的消极情绪转变成乐观的积极情绪。只要做到以下三点即可：①不要扩大事态。如果你做一桩生意失败了，不要说："所有生意都难做，以后还是收山好了。"②不要"人"与"事"混淆。当一件事失败的时候，不要说："我是失败者。"这样你便将"事"与"人"混淆了。③不要夸大时间。当不如意时，切勿对自己说："我时时都是倒霉的。"

认识自己，再改变自己

在当今社会，人们容易受到各种各样信息的影响，正面的、负面的、短暂的、长远的……这些信息在有意无意之间迷惑着我们，使得我们很难正确地认识到自我，更不用说根据现实情况来改变自己。

说起认识自己，我们很容易想起这样一个神话故事：

古希腊神话中有一个既凶残又聪明的狮身人面的女妖，叫斯芬克斯，她曾经雄踞忒拜国外一座悬崖之上，凭借着智慧女神雅典娜教给它的各种谜语拦考路人，猜不中的人就会成为它的口中之物。这个女妖最得意的一个谜语是："在早晨用四只脚走路，中午用两只脚走路，晚间用三只脚走路，在一切生物中是唯一用不同数目的脚走路的生物。脚最多的时候，正是速度和力量最小的时候。"

杰出的英雄俄狄浦斯为这个谜语找到了答案，那就是：人。"在生命的早晨，人是软弱无助的孩子，他用双手双脚爬行。在生命的中午，他成为壮年，用两脚走路。但是到了老年，临到生命的尽头，他需要扶持，因此，拄着拐杖，作为第三只脚。"俄狄浦斯胜利了，斯芬克斯因为失败而恼羞成怒，从悬崖上跳下去摔死了。

斯芬克斯之谜和写在阿波罗神殿上的箴言，表明了我们人类在认识大自然的同时也提出了认识人类本身的要求，这种自我省察意识是人类从蒙昧走向觉醒、从自在走向自为的一个重要标志。

可是在现实生活中，因为没有能够认识到自己而埋没才华，郁郁不得志的人比比皆是。著名的画家梵·高就是其中之一。

1881 年，28 岁的梵·高因为遭受了一些挫折和失败之后开始画画，他画了一张又一张比利时矿工的素描。因为他基本上不懂绘画的技法，自然而然也就没有人愿意来购买他的画。

1886 年 2 月，梵·高前往巴黎与弟弟提奥同住。提奥在当时已是小有名气的画商了，他十分推崇印象派和新印象派、后印象派画家。在弟弟的介绍下，梵·高结识了高更、贝尔纳、劳特累克、毕沙罗、修拉等画家。这一时期的梵·高深受印象派绘画的影响，画面变得明亮清新，并运用了如点彩法等印象派技法。同时，他也开始了著名的自画像的创作。

1888 年年初，35 岁的梵·高厌倦了巴黎的城市生活，来到法国南部小城阿尔寻找他向往的灿烂的阳光和无垠的农田，他租下了“黄房子”，准备建立“画家之家”。他的创作也随之进入了巅峰。《向日葵》《夜间咖啡座——室外》《夜间咖啡座——室内》都是这一时期的代表作。但他依然只能靠弟弟提奥的资助生活。

在绘画这一职业追求中，如果得不到别人的赞许和认同是很难支撑下去的，但是梵·高得到更多的是打击，在他生活最艰苦的阶段，他每个月的最后几天都是躺在床上，以此来化解饥饿的威胁。

当时，上流社会的绅士们需要的是一些精致的小肖像画，或者是完美的风景画，他们喜欢忧伤的油画。但是梵·高并没有意识到这一点，而是执着于自己的创作思维和风格。

一次，一位上流社会的少妇看到梵·高的油画，很轻蔑地说：“我很高兴把这种东西称作艺术。”面对莫名其妙的嘲讽，梵·高从没有消沉过，依旧执着于自己的艺术追求。37 岁时，梵·高画出了圣莱米痛苦的疯子。然而，梵·高的画在当时却无法得到上流社会和收藏家的青睐，他的画作在那些人眼中就像废纸一样一文不值。一次一次的失败和打击令梵·高渐渐变得孤独起来。他觉得自己是一个真正的失败者，他开始颓废、失望甚至绝望，最终，他用手枪结束了自己的生命。

梵·高自杀后，亲人在他身上发现了一封信，信中写道："说到我的事业，我为它豁出了我的生命，因为它，我的理智近乎崩溃。"

试想，梵·高如果能对自己生活的社会认识更清楚一些，对自己认识更清楚一些，然后再稍微改变一下自己，他也不至于沦落到"自杀"的地步。人最害怕的不是不能了解别人，而是不能了解自己。如果你不了解自己，那么一切都将无法改变，一切都将不复存在。

生活中像梵·高一样不能正确地认识自己，经受一些挫折、一点打击，就悲观失望、垂头丧气、怨天尤人、惊慌失措的人很多很多。他们甚至因为不能正确地认识自己，在极度悲观中轻言放弃，这是很不可取的。梵·高经历了那么多磨砺，最终还是没有真正认识到自己的存在价值，对自己缺乏信心，始终认为自己就是一个失败者，因经历了太久的挫折，无法继续承受失败的打击，决然离去。如果他能对自己有个正确的认识和判断，能够肯定自己的存在意义，再坚忍一些，试着改变一下自己，相信他的生命轨迹或许就不会是这样了。

死去的人我们无法改变什么，唯一能改变的就是我们自己，只要我们能够从现在开始，重新认识自己，并在此基础上改变自己，那么就能获得不一样的人生。

那么，如何认识自己并改变自己呢?

1. 放下伪装、脱掉外壳

我们每个人生活在这个世界上，为了避免伤害，总是往自己的身上增添很多伪装，让自己背负重重的外壳。这种外壳让我们变得虚伪的同时也让自己不再认识自己。而我们现在要做的就是剥掉这种伪装，还自己一个真实的自己。

2. 找出自己的独特之处

哲学家说，世界上没有两片完全相同的树叶。每个人都是独特的，为什么不去发展自己独特的本色，而偏要去追求那种大家都认同的“完美”呢？即便大家都认同你是“完美”的，那么是不是就意味着你的价值体现出来了呢？不是。在很多时候，你越是“完美”，也就越没有价值。因为你不具备自己的独特之处，很容易就被别人所忘记。

3. 纵观自己生活的整个环境

人总是生活在环境之中，要想了解自己，就必须先了解自己所生活的整个环境。然后再根据环境的不同来了解自己和别人的不同。要记住，相同的人在不同的环境之中会有不同的改变、表现。

4. 明确自己的方向

既然要改变自己，就应该明确改变的方向，即你往哪个方面改？以梵·高为例，他所需要做的改变就是对社会多一些“妥协”，寻找多一点的“契合点”，而不是仅仅停留在自己的小圈子里，孤芳自赏。

中篇　从人脉规划到成型
——构建适合自己的人际网络

人际交往是一种智慧，更是一种艺术，在很多时候，我们人生的成败并不在于自身拥有什么样的实力，而在于我们能入什么样的圈子，在于是否构建起适合自我的人际关系网络。而我们生命中的贵人，往往就在于我们所渴望或者是正处在的圈子里。

第四章 好的人脉需要好的策划

别以为认识的人越多你的人际关系网络就越好。你要知道，朋友不在于多，而在于是否真心实意地对待你。现实生活中，许多人看起来交际能力不错，朋友也很多，可是这种朋友究竟是什么怎样的朋友呢？恐怕只有他们自己心知肚明。你要想拥有好的人脉，遇到你生命中的贵人，并不是随性而为，而是需要一定的智慧与技巧，懂得一点点策划，找到并积极融入到自己所想要的圈子。

不得不知的“圈子性格”

人脉构成了人脉圈，就像人构成了人群一样，人脉圈在一定程度上具备人的性格。比如，一个艺术家的人脉圈，其中或多或少就包含有艺术家的性格；一个推销员的人脉圈，里面绝对不会缺少推销员的性格。人脉圈从某种程度上来说，已经成了一个活生生的“性格集合体”，而我们要想打入其中，就必须了解这个圈子的性格，并且顺从这种性格，才能顺利融入其中。例如，如果我们想要融入一个艺术家的人脉圈，那么首先我们就得认同艺术，认同这个人脉圈当中大家所认同的东西。

那么，我们在进行人脉扩展的时候，该如何顺从“圈子性格”，成功打入其中呢？这就得做到以下几点了：

1. 侧面打听我们所要打入的“圈子”

打入圈子就像交际一样，我们必须要了解这个圈子，了解这个圈子中人群的所好。那么我们该如何了解呢？很重要的一个环节就是侧面打听，从别人口中获得一些必要的了解。比如，通过相关人士的介绍、朋友的介绍、资料的介绍等，凡是和这个圈子有关的信息，我们都可以拿来作为参考。当然，这只是思考而已，不能全部当真，毕竟在没有辨别真假之前，妄下结论是不正确的。

2. 多听少说，多看多请教

进入一个新的圈子，自然会感觉到陌生。那么我们该如何适应这个陌生的环境呢？很重要的一点就是多听少说。因为我们对其中很多事情并不了解，如果轻易去说或者评论某事，往往会给别人一种“不知好歹”“自以为是”的感觉。特别是在一些性格比较明显的圈子里，这种情况则非常容易出现。比如，在一个编辑的人脉圈当中，圈子里面都是一些性格比较个性的、思维比较前卫的人，如果你不懂得“多听少说”的潜规则，轻易发言，很容易被他人当成“靶子”——攻击的对象。

除此之外，我们还要懂得“多看多请教”。进入一个陌生的圈子，我们一定要多看。在看的过程当中必定有很多事情不懂，看不明白，也想不透，这个时候就应该低下头，向圈子中的人请教。其实我们无论问什么样的问题，都会给人一种“谦虚低调”的感觉，从而树立好自己的交往形象，更加容易打入圈子内部。

3. 尊重圈子，不要试图改变圈子

很多人在扩展人脉的过程当中，总会陷入“被人驱逐出境”的尴尬境地。那么为什么会出现这种状况呢？原因就在于这些人在进入这个圈子之中，就“天方夜谭”地想着去改变这个圈子。就像我们刚和一个人认识不久，就对别人的事情说三道四，甚至还要想着去改变别人，自然会引起别人的反感，被别人“驱逐出境”。进入一个新圈子，首要的任务就是站稳脚跟，而站稳脚跟的方法不是通过改变圈子来实现的，而是需要时间来实现。想要通过改变圈子来站稳脚跟，只能是一种“急功近利”的行为，后果不堪设想。

4. 尊重圈子中的每一个人

刚进入一个圈子，我们并不知道里面的谁是谁非，要想不得罪人，就应该尊重每一个人，不要对任何人有成见，即便和对方第一次见面的印象不算太好，也不要在以后的交往当中表现出来。因为说不定这些人就是圈子中的核心人物。即便他们不是圈子中的核心人物，也会受到“圈子”的保护，得罪了其中的一个人，就等于得罪了整个圈子，很容易遭到“群起而攻”。这对于改善我们的人脉没有一丁点的好处。

5. 向“圈子性格”靠近

既然圈子有性格，而我们又想进入其中，但又不能去改变这个圈子，那么唯一能做的就是改变自己，向“圈子性格”靠近，从而融入其中。例如，你想进入一个山东人的圈子当中，那么你就得向“豪爽”“仗义”的性格靠近，不能耍小心眼，更不能背后搞小动作，否则会遭到他人唾弃。

当然，向“圈子性格”靠近，并不是要我们丧失自己的个性，而是在和这些人交往的时候，要做好一些伪装，既是对对方的尊重，也是快速改善自己人脉的一个重要途径。

不要成为圈子中的异类

在我们身边，总是有一些人和自己的人脉圈“格格不入”，别人说一，他们非得喜欢说二，别人说好，他们非得说出一大堆不好的理由，想以此来显示自己和别人的与众不同。自然，这样的人给人的感觉就是“异类”，不是自己的“同路之人”。时间一长，就会被整个圈子排除在外。自然，我们之所以要进入一个圈子，目的就是要扩展人脉，而不是被人排除在外。这一特征就决定了我们不能成为这个圈子的异类，要真正融入其中，这样才能和别人打成一片。

豆豆，一个年轻漂亮的某出版社编辑。她的文笔非常优美，文字功底很好。按理说，这样的女孩，本应受到上司和同事的欢迎，应该是办公室里的香饽饽才对，可她却被同事认为是办公室的“异类”。这又是为什么呢？原因就在于豆豆表现得相当自负，有些孤芳自赏，处处表现自己和别人的不同，故意和别人拉开距离，很难融入办公室这个人脉圈当中。

一天豆豆在自己的博客写了这样一个帖子，袒露了她的心事：

从小到大，人们都说我是一个极其自负的姑娘。其实，他们都错了，其实我是一个十分孤独的人。我害怕人群，害怕与人交往，不自信，孤僻。我渴望良好的人际关系，渴望优秀的口才。不幸的是，我不能如愿。而且，我觉得我不是一个受欢迎的人。大家并不注意我，不尊重我。到现在我都记得为了能跟别人一起玩，我把家里很多东西都拿出来给了小伙伴，但别人照样注意不到我。大家都不喜欢我，我从小孤独。小小的我觉得人生从此没有希望了。于是我开始不再信任任何人，我也决心不再理任何人。从小学到大学，不止一个人当面对我吼：“你这种人太自负了，你这一辈子，什么事都干不好，什么事都不可能干好。”到现在想想这句话，我都耳鸣不已……我这么一个人，怎么就给人一种自负的印象？

参加工作之余，我发现我什么都不会，但我喜欢工作。因为工作能让我投身事情当中，而不是人当中。所以，我愿意花费几乎所有的热情和精力去把一件事情做好，仔细研究，刻苦学习。另外，工作还有一个好处，就是相对封闭，公司内部没有那么大的竞争，公司之外的竞争也不是员工的事情。我只需要跟自己竞争，只需要今天比昨天进步，这件事比上件事进步。由此我陷入了一个自我境界，一个工作境界，一个狂热境界，一个忘我境界。于是上上下下这样评价我：这个女孩挺自负的。可见，如果一个人只懂得孤芳自赏，那他绝不可能会得到别人的赏识。

其实，不管我们是真的自负还是假的自负，如果表现得不好，就会被

别人认为是圈子当中的“异类”，同样会给自己的人脉造成不可修复的影响。特别是案例中豆豆身上有的自负，更是造成自己“异类”的一根导火索。美国哲学家、科学家富兰克林曾说过：“自负是一个人要除掉的恶习。”既然自负会成为我们性格上的弱点，会阻碍我们前进的脚步，我们就应该培养良好的习惯去克服它，不让它滋生蔓延。但我们到底应该怎么做呢？

1. 培养谦虚的习惯

有人说，谦虚就像儿时玩的跷跷板，我们在这头，对方在那头，只要我们谦逊地压低了自己这头，对方就高了起来。一颗谦虚的心是与对方建立良好关系的敲门砖，也就是说，在我们承认自己并非十全十美、尊重对方之前，我们是得不到对方尊重的，也就无法与对方进行良好的沟通。古人云：“谦受益，满招损。”我们纵有万丈豪气，也绝不能自负半分，纵有超人的才识，也要懂得虚怀若谷。这样我们才能真正融入对方，而不会被贴上“异类”的标签，被他人排除在外。

2. 培养才不显露的习惯

锋芒，在适当的场合显露一下既有必要，也是应当的。因为这样可以给别人一个了解自己的机会，也是我们融入人脉圈比较重要的一项工作。但是锋芒太露的结果就是刺伤别人，同时也会伤害自己。越锋利的剑用起来越应该小心谨慎，平时应插在剑鞘里，不要总是把它显露出来。否则容易伤人害己。过分外露、不分场合地显露自己的才干，只会让对方瞧不起我们，从而把我们当成圈子当中的异类而排斥我们。尤其在怀疑心重的人面前，如果我们自负得不知天高地厚，不仅会让对方不高兴，还会让对方觉得自己的地位受到了威胁，一有机会，对方就会把我们压下去。

3. 培养心中有他人的习惯

目中无人，盛气凌人，是自负的一贯表现。这类人总是目空一切，总认为自己是最优秀的，谁也不如自己。当然，当今社会卧虎藏龙，谁都不敢自称谁就是最厉害的。而这些人这么做了，后果就是只能看到自己的优势，而看不到自己的弱势；只看到别人的弱势，而看不到别人的优势。甚至处处表现自己的优势，不把任何人放在眼里，自然就容易被他人当成一种“异类”来看待。相反，如果我们心中有他人，处处想着他人，时时关心他人，把“以人为本”作为习惯性的思考，善于和善待人，取他人之长补己之短，就能不断地充实、完善自己，帮助自己走进别人的人脉圈，扩大自己的人脉。

4. 培养内省的习惯

自负者往往习惯沉浸于虚无的胜利之中，常常因为一次的成功就自我满足，眼前显现的、耳边响动的永远是早已逝去的昔日的鲜花与掌声。他们把别人给予他们的荣誉看作是理所当然的，从来不会静下心来想一想自己今天都做了些什么，都收获了一些什么。如果我们能经常进行自我反省，也就不会有自负心理了；如果我们能不断地提高对自己的要求，那么就能把昔日的成功化作今日前进的动力。

与每个人都有自己的缺点一样，每个人也都拥有自己的优点，如果我们能学会欣赏别人的优点，无疑会获得对方的认可，令其主动走近我们，和我们结交，而不是把我们当成异类，远离我们，排斥我们。如果我们要真正扩展自己的人脉，打入别人的人脉圈，这一点也是必须做到的。

无所谓的争辩不要也罢

交际难免会讨论一些话题，但是很多人往往把讨论变成了争论，不但没有达到最初交际的目的，而且还得罪了对方，破坏了人际关系的和谐。说到底，就是因为这些人并不明白讨论和争论两者之间到底有什么不同之处。

接下来我们不妨先来了解一下这两者之间的不同之处。

讨论仅仅是双方说出自己的想法，结果是双方都知道双方的想法，并不涉及谁对谁错的问题；可是争论的过程重在“争”，而不是“论”，因此争论的结果基本上都是有对错是非之分，双方总是有某些方面的冲突。打个很形象的比喻，讨论是谈判，而争论则是面对面的决斗，不是你死就是我死，总之有一个人将会失败。但是，在人际交往的过程中，除了原则性的是非之外，那些无谓的争论是不是也是需要的呢？答案是否定的，因为那些无谓的争论只会让自己的人际关系变得越来越差。

第二次世界大战刚结束的一天晚上，卡尔在伦敦的一个宴会上学到了这个极有价值的教训。

当年他是罗斯·史密斯爵士的私人经纪。战争期间，史密斯爵士曾经是澳大利亚空军战斗机飞行员，被派到巴勒斯坦工作。欧战胜利缔结和约后不久，史密斯爵士以30天飞行半个地球的壮举而震惊了全世界。澳大利亚政府特意颁发给他50000美元奖金，英国国王授予了他爵位。有一天晚上，卡尔参加一次为推崇史密斯爵士而举行的宴会。在宴席中，坐在卡尔右边的一位先生讲了一段笑话，并引用了一句话，“谋事在人，成事在天”，说那句话是出自《圣经》，而实际上是出自莎士比亚。卡尔为了表现出自己的优越感，很讨嫌地纠正道：“这位先生，我记得这段话是出自莎士比亚。”那位先生立刻反唇相讥：“什么？出自莎士比亚？不可能，绝对不可能！那句话出自《圣经》。”他自信确定如此！卡尔还是不依不饶，要和他当面把这个事情搞清楚，正当两者争论得不可开交的时候，坐在旁边的卡尔的老朋友弗兰克·格蒙在桌下踢了卡尔一下，然后说：“卡尔，这位先生没说错，《圣经》里有这句话。”

那晚回家路上，卡尔对格蒙说：“弗兰克，你明明知道那句话出自莎士比亚，可是你……”“是的，当然，”格蒙回答道，“《哈姆雷特》第五幕第二场。可是亲爱的卡尔，他是宴会上的客人，为什么你非要证明他错了，你和他做这样的无谓之争有意思吗？那样会使他喜欢你吗？为什么不给他留点面子？退一万步讲，他说他的，并没有征求你的意见啊，这说明他不需要你的意见，那你为什么还要跟他抬杠？现在你应该明白一点：永远避免跟人家正面冲突，否则很容易得罪他人，也将没有人愿意和你交往。”

从这个故事中，我们可以看出，人际交往中的“无谓之争”确实没有必要，因为它不仅不能让对方认同我们，还会让别人讨厌我们，这是一种讨嫌的行为，也是不可取的行为。那么在人际交往中到底该怎么做呢？不妨听听心理学家的意见：多一些赞同，少一点争辩，会在对方的心理上产生一种莫名的认同感，彼此之间的距离会越来越接近。

1. 只抓对的，不抓错的

对方的观点不可能是全错的，不管再怎么“胡说八道”，我们总是能从对方的话语中找出一些对的、符合现实意义的东西，即便是对方的某种精神也好！所以这个时候我们就不要再去追究那些错误的东西，而只要抓住正确的一方面即可，并且在这方面我们还可以延伸、扩展，在合适的时候夸奖一下对方，给对方戴戴高帽子，满足一下他们的虚荣心，这样会减少彼此之间的冲突气氛。

2. 提出，但不强调自己的想法

一个明智的人并不仅仅会逃避话题，而是在适当的时候表明自己的想法，不管这种想法和对方的想法是不是一样。那么这些人就不怕自己的想法和对方的想法不一致而让别人嫌弃我们吗？不怕，遇到这种情况，这些人的对策就是提出自己的想法，但是不强调，只是轻描淡写地提出来，这样即便我们的意见和对方的想法有冲突，也很难引发争辩。没有了争辩，交往就能驶上快车道了。

3. 不要把观点强加到别人身上

每个人都有自己的观点和想法，我们在和对方讨论一些话题的时候，千万要记住一点：尊重对方的观点和想法。即便是错的，也不要当面指责，更不能把自己的想法和观点凌驾在别人之上。这既是一种不文明的行为，也是一种愚蠢的行为。因为我们在表明自己观点的时候，只是站在我们当时的立场上进行的。对于这个立场是不是能代表别人，是不是会出现错误，谁都不敢保证。同理，对方提出他自己的观点，自然也是站在他的立场上进行的，同样没有人敢保证他能代表所有人。既然你代表不了他，他也代表不了你，那么两者之间又何必争辩，又何必把自己的观点强加到别人身上去呢?

4. 给对方一个了解我们的机会

现实生活中，我们之所以经常和别人发生争辩，很大的一个原因就是我们并不真正了解对方，对方也没有真正了解我们。试想，如果双方都没有相互了解，又谈何人际交往呢?因此，要想和对方交往，首先给对方一个了解自己的机会，让他们真正走入我们的生活，从而接受我们的观点，拉近彼此之间的距离。

譬如，你是一位打猎爱好者，可是你的朋友却是一位反对猎捕野生动物的人，在这种情况下，你们最好不要在一起谈论狩猎这个话题，因为彼此都说服不了彼此。最明智的选择就是找一个合适的机会带着这位朋友一起去狩猎，让他也亲身体验一下其中的快乐。那么到时候他也就不会再说出先前的那些话了，说不定还会成为一个狩猎爱好者。

5. 赢得争论不是交际的目的

很多人在和对方进行争论的时候往往会忘记和对方争论的目的。那么，我们和对方交流的目的到底是什么呢?是交朋友，还是赢得这场争论?毫无疑问，是拓展人脉，赢得交际。遗憾的是，现实生活中，很多人都犯了这种本末倒置的错误，结果，虽赢得了一场争论，但却失去了一个朋友。这种方法显然不是交际的好方法。因此，我们在和对方交流的时候一定要时刻牢记自己的目的，避免犯这种本末倒置的错误。

6. 心直口快是我们的错

很多人在交流的一开始就会开门见山地说自己是一个心直口快的人，甚至还为自己的这种坦白很自豪。殊不知，这种坦白是在无形中告诉对方，我们是一个不顾及对方想法的人。这种做法，往往会使自己处在一种被对方挑战的境况下，如果我们的事实不是百分之百的正确，那么我们那位新树的敌人就会毫不迟疑地、有力地向我们指出。这样的结果使我们获得了什么，失去了什么，权衡利弊一番，相信你能明白。

与对方交际，不要做无谓之争，以避免不必要的矛盾，这是交际场上一个亘古不变的真理。要明白：交际的目的是和对方交朋友，而不是和对方成为敌人，争辩只能让我们失去朋友，而认同则能让我们赢得朋友！

提升他人的自我价值感

任何一个人都渴望自己被认可，因为没有一个人喜欢自己被看低。特别是在人际交往中，人的这种心灵需求就更加明显了。这就等于给了我们一个提醒：在拓展人脉圈、和陌生人交朋友的时候，一定要懂得，并且善于提升他人的自我价值感。毕竟，人都有一定的虚荣之心，我们只要满足了对方的这种虚荣之心，对方就会真心把自己当成朋友，否则就容易把自己当成敌人。

法国哲学家罗西法曾经说过：“如果你要得到仇人，就表现得比你的朋友优越吧；如果你要得到朋友，就让你的朋友表现得比你优越。”也就是说，当你表现得比你的朋友优越的时候，他们就容易产生一种自卑感，以至于遭到他们的羡慕、嫉妒甚至厌恶。而当你放低自己的姿态，那么你的朋友自然就会觉得他们本身有一种成就感，进而愿意与你交往。因此，

在人脉网络中，学会提升他人的自我价值感，才能永远受到欢迎。

曾经有一个名为艾伦的人对西法古的这句话深有体会。

艾伦是一个刚刚从斯坦福大学毕业的学生，他凭借着自己精明的头脑和干练的性格，顺利地迈入了微软公司的大门。

刚到公司的时候，艾伦面对还不太熟悉的人，显得有些拘束。当时，公司里的老员工都很看重这个毕业于名校的年轻小伙子，在工作上，大家给予了他很多的帮助。日子一久，艾伦便与他们熟识了起来。于是他了解到曾经帮他解决过一个软件错误的亨利原来不过是毕业于一所三流学校，而一位漂亮的女同事克罗娜当初是经过了四次面试才得以勉强进入到微软公司。这让艾伦觉得自己一下子比他们都优越了起来。于是艾伦开始有意无意地与他们谈到名牌大学的生活是多么美好、面试时是多么顺利以及他现在存款是多么丰厚等一些让他自己觉得引以为傲的事情。每当他兴致勃勃地想让别人看到他身上的才华时，却发现原来给予他很多帮助的人都开始渐渐地远离他了。有一次，他又遇到了工作上的困难，他开口向亨利请求帮助，哪知道亨利在座位上眼皮都没抬一下地说："你这个名牌大学毕业的高才生，哪里还用得着我这个三流学校毕业的小盲流来帮助啊?"艾伦从亨利不是很友好的话语中马上察觉到了什么，心想，难怪最近同事们都很少与我交流了，原来我太过于显露自己的才华，让他们觉得心里很不舒服。

于是，艾伦一改从前的做法，与同事们在一起聊天的时候，他不再吹嘘自己的能力，而是经常找一些他人身上的闪光点作话题，让自己分享同事们身上的成就。当艾伦坐在了低调旁听者的位置上的时候，他不再如从前般遭到同事们的冷眼了，相反大家更能齐心协力地去做好分内的工作，而在工作之余，也都成了好朋友。

生活中的你是否与曾经的艾伦犯着相同的错误呢？如果答案是肯定的

话，你就要小心了，否则你的人脉存折很可能会对你提出抗议，导致你的人脉资本的流失甚至透支，这实在不是一个聪明的人该有的做法。难怪苏格拉底在雅典一再地告诫他的门徒："你只知道一件事，就是你一无所知。"

那么，如何才能够有效地提升他人的自我价值感呢？这就需要我们"多个心眼"，学会在不同的场合下，掌握一些小方法。

1. 赞扬法

不时地称赞对方一番，哪怕只是一点小小的长处，都会让别人感受到你的真诚。别怕他人会觉得你虚伪，要知道，世界上没有人不喜欢听好话，适当的赞美会让他人的心情舒畅，哪怕对方在某些事情上有所瑕疵，如果先用赞美的语言夸奖一番，然后再指出其不完善之处，会更加容易让人接受。当然，长此以往，你的人脉将会变得越来越广。

比如，有个第一次见面的人为了让别人更加了解自己，便拿出自己写的乐谱来请教大家。大家看了之后，都觉得乐谱有些地方可能不够完善，这时你不妨先赞美他几句："你这个写得很棒！弹奏出来后一定能够取得非常好的效果，不过我有个小建议，如果把这里的C调改成D调，你觉得如何？是不是会更好一点呢？"这样的话语绝对能够让对方接受，而且你先前的赞美已经承认了他的成就，他在开心之余自然能够接受更好的建议。当然，在交流之余，他也肯定喜欢和你交朋友了。

2. 欣赏法

正如我们喜欢被他人欣赏一样，别人也喜欢并且希望得到我们的赞赏。要想和别人深入交往下去，我们就应该了解并且善于满足对方的这种心理，以欣赏的眼光来对待对方的选择，那么，人脉拓展自然也就能顺风顺水了。

比如，一位刚认识的人约你到他家做客。一进门，你就发现他的新房布置得很有创意，就是色调与你的品位有些许不同之处。这个时候，千万

不要指出来，只要用欣赏的目光打量一下家具和居室的布置，并说出你对家具的式样、居室的搭配都十分欣赏即可。一旦你点破了“色彩搭配不当”之后，你在对方心目中的形象就会大打折扣，甚至彼此之间的交往会到此为止。欣赏是一杯耐人寻味的美酒，喝了如此美妙的陈酿，飘飘欲仙的感受会让你们更加和谐地交往下去。

3. 求教法

想要他人有种成就感，求救法不得不学。记住，对方擅长的任何方面，都可以成为你求救的“标签”和话题。

比如，有一个人书法写得特别好，那么大可以拿着自己的书法习作找到他，并向他请教一番：“嗨，上次在你家看到你的书法作品，让我觉得很是喜爱，我没事的时候便写了几幅习作，想请您给指教指教。”这种以他人特长为基础的求救，更加容易使对方感觉到其个人价值的魅力所在，那么你们日后的交往想不亲密都难。

4. 退让法

但凡有些能力的人，都会有争强好胜的心理，在了解了这一点之后，我们就应该明白，如果遇到一些无关紧要的问题时，没有必要和对方争得面红耳赤，这对我们来说又有什么好处呢，不如“退一步海阔天空”。

比如，和几个刚认识的朋友吃饭，在饭桌上，聊天话题涉及了农作物的收成问题。其中一个人坚持认为农作物的收成会受到很多因素的影响，在他所说的因素中，其实有些并不是很正确，不过当时在场的其他人却都在聚精会神地听着这个新鲜的话题。你指出了他某一个地方的纰漏，但是他很不服气，大有与你辩论一番的味道。这时最好的办法就是你一笑置之。相信等到改天，他知道了你指出的地方是正确的时候，更会感谢你没有当众非要他出丑，那么你的这种退步其实是将你们的关系又拉近了一大段距离。退让是一个撞了墙的皮球，是选择继续撞墙还是转角前行，全在于皮球自己。

5. 转情法

转情法就是需要我们设身处地地去了解对方的处境，比如，对方很自卑，不爱与人交往，你大可不必非要指出他这样做不对，更不要强迫他去做什么，而是心平气和地询问他采取这种方式对待别人的原因，在这种情况下，即使你无法提升他的自我价值感，也能在一定程度上缓和你们之间的关系，形成他对你的信任，这样，即便是一个难以相处的人，你都可以将他存储于你的人脉存折。

转情是一把温柔的利剑，直接插入对方的心里，让他永远铭记在心，有你这样一个值得交往的朋友。

当然，在人际交往的过程中，是没有什么固定的边边框框的，我们只需要随性去做就好了。最重要的就是我们一定要放低自己的姿态，恭敬谦逊的人永远都是受欢迎的，当我们把别人高高捧在手心的时候，没准我们自己反而能够增加被利用的价值。什么事情都可能发生，只要我们去尝试。

洞察人性，处处为别人着想

每个人都有自己的需求，无论是物质上的，还是精神上的。要想拓展人脉，投其所好地吸引对方，我们就必须了解对方的心里所想，然后尽量满足对方的需求。这样，对方自然就能把我们当成朋友，和谐交往。

说到底，要想获得对方的好感，就必须要洞察人性，把事情做到对方心里去，这样即便你不用开口说话，也能获得很好的效果。在这一点上，很多人都做得非常到位，比如胡雪岩。

王有龄在胡雪岩的帮助下，顺利地解决了漕米解运的大难题，博得了上下的一致好评，也替巡抚大人消去了一块心病，巡抚大人为此允诺为王

有龄请功。王有龄自然喜不自禁，谁知一等再等，却不见有什么消息，心中虽然着急，却又不好开口向巡抚大人问及此事。

王有龄在百思不得其解的情况下去找胡雪岩一起商量此事。胡雪岩立刻去找巡抚大人身边的一位何姓师爷，通过他了解了这位巡抚大人的真实想法。

原来这位巡抚大人黄宗汉为人十分贪婪、刻薄，虽然王有龄办事得力，但想要外放州县，不给那位巡抚大人一点好处，这件事恐怕只能成为无果之花。

胡雪岩掌握了巡抚大人的这一嗜好，就对症下药，主动以王有龄的名义给黄宗汉家里送了2万两银子，果然是有钱能使鬼推磨，没几天王有龄便得以外放湖州知府，而且同时兼任原海运局坐办一职。

王有龄在四月下旬接到任官派令，身边左右人等无不劝他，速速赶在五月初一接任。之所以会有这等建议，理由很简单：尽早上任，可以恰好得到端午节的"节敬"。

那么这又是怎么回事呢？

清代吏制昏暗，红包回扣、孝敬贿赂乃是公然为之，蔚然成风。风气所及，冬天有"炭敬"，夏天有"冰敬"，一年三节另外还有额外收入，称为"节敬"。浙江省本来就是江南膏腴之地，而湖州府更是膏腴中的膏腴，各种孝敬自然不在少数，这就是王有龄手下的各路聪明才智之士无不劝他赶快上任的真正原因。

王有龄想听听胡雪岩对此有什么看法，胡雪岩说道："银钱有用完的一天，朋友交情却是得罪了就没得救了！"他劝王有龄等到端午节之后再走马上任。

胡雪岩之所以这样建议是有多方面考虑的，王有龄不是湖州第一任知府，在他之前还有前任，别人在湖州府知府衙门混了那么久，就指望着端午节敬，王有龄虽可名正言顺地抢在前头接任，抢前任的节敬，可是，这么一来，无形中就和前任结下积怨，暂时可能会相安无事，但这个不稳定因素说不准什么时候就会发作。要是将来在关键时刻发作，墙倒众人推，落井下石，那可就划不来了。只要王有龄推迟一段时间上任，就相当于给自己的前任送了一顿“节敬”，前任自然感恩戴德，处处给予王有龄方便。从这件事当中，就体现出了胡雪岩凡事都为别人着想的原则。

其实，除了此事之外，胡雪岩还做了一件让别人感动的事情：

王有龄做了湖州知府，同时还兼管乌程县和海运局，纵使有三头六臂，也感觉力不从心。此时，胡雪岩想走捐官的路子，只弄到了身份，还没有具体的职务。王有龄想把杭州城里的海运局让出来，委任胡雪岩为海运局委员，相当于王有龄在海运局的代理人。

在一般人看来，这无疑是个一箭双雕的好办法。可胡雪岩却认为不可，他对王有龄说：“海运局里有个周委员，资格老、辈分高，人家苦等这个职位已经很久了，原地踏步了多少年，终于有了升官的机会，我又怎么可以不顾周委员，去当这个代理呢？这从道义上根本说不过去。”

果不其然，好心终有好报，周委员当代理后，凡事都与胡雪岩商量，这就等于还是胡雪岩做幕后代理，权力仍然掌握在他的手中。

正是因为胡雪岩有了这个仗义的举动，等于有王有龄、周委员两个人在海运局替他抬轿子，要是直接委以胡雪岩代理职务，那就等于为他树立了一个潜在的敌人。

胡雪岩的商德之所以为人称道，很重要的一条，就是不仅不抢同行的饭碗，而且洞察人性，凡事都懂得替别人着想。

当然，从胡雪岩的身上，我们可以得到这样一个启示：要想获得人脉，不仅要懂得提升别人的自我价值感，而且还要懂得多为别人着想。这样才能真正打动人心，吸引对方前来和我们交往。

明白别人的难处，为人分忧

在我们拓展人脉圈的时候，经常会遇到别人有困难的时候。在这种情况下，我们该怎么去做呢？不同的人有不同的做法，自然也就有了不同的结果。比如，有的人会出手相帮，豪爽仗义，自然能得到对方的好感。可是有些人却“事不关己高高挂起”，一副“不要找我帮忙”的模样，拒人于千里之外，最终肯定难以获得对方的好感。

遇见别人有难处，我们不但不能把对方拒之门外，还要把它当成一个机会来利用。试想，如果你把对方的难处解决了，对方会怎么感激你？你和对方的关系又会有什么样的变化呢？在这一点上，胡雪岩同样做得非常好，我们不妨来看看人家是怎么做的，从中或许能吸取到一些有用的经验。

郁四是胡雪岩在湖州的好友兼生意合作伙伴。他们在生意上的合作向来都是配合默契、屡战屡胜。然而，正当二人意气风发准备大干一场时，郁四却因为自己的家事几乎丧失了所有信心。原来郁四的独生儿子阿虎突然暴病而亡，胡雪岩得到消息，立即在百忙之中赶往湖州。朋友老来丧子，人生第一大悲痛，他不能不来劝解安慰。

他一到湖州，料定事情并不只是丧子那么简单，就把事情的原委了解得一清二楚。原来阿虎还有个姐姐阿兰，已年近三十，是一个十分厉害的角色，她的丈夫是一个刑房书办的儿子，子袭父业也做了书办。书办本来也是厉害角色，这对夫妻凑到一起，什么麻烦都可制造出来。阿兰见弟弟死了，娘家已经没有可以承续香火的人了，就动起了回娘家谋取财产的念头。

郁四的原配妻子，即阿虎和阿兰的亲娘已去世，现在身边有一位很要好的女人，名叫水晶阿七。水晶阿七虽出身不好，但与郁四情投意合。于是，阿兰心想，如果水晶阿七在以后的日子里生下了郁四的后代，她就有权分到郁四的一份财产。因此千方百计要把水晶阿七赶走。于是阿兰在父亲郁四身边不停地数落水晶阿七的不是，造谣中伤。郁四根本没有料到亲生女儿会使出这一招数，便听信女儿的话，把水晶阿七赶走了。从此，不仅阿七痛苦不堪，郁四自己也过得懊丧苦闷至极。因为从心底而言，他和阿七是相爱的，总是割舍不下。但事已至此，又没有什么可以补救的好办法。再加之阿兰这一存心不正的闹腾，使郁四感到万念俱灰。

胡雪岩告诉自己：这桩“闲事”一定要管到底，这不仅仅是为了郁四，更是为了自己，他不能看着郁四就此消沉。虽然此时的胡雪岩烦事缠身，根本没有多少时间和精力来应付这些琐事。但是经过分析之后，胡雪岩觉得帮助郁四处理好家事是一件大事，甚至大于他现在要做的所有事情。最终，胡雪岩决定留下来，先帮忙处理好郁四的家事。

胡雪岩根据郁四的自述和陈世龙提供的秘密消息，为郁四出了个主意，就是拿出一笔钱打发眼盯财产的阿兰，叫她以后别再指望能从父亲这里得到任何好处了；其次，为郁四把水晶阿七寻回来。

胡雪岩去拜访阿七，还故意摆出为她打抱不平的姿态，狠狠责备郁四无情无义，得福不知，一下子赢得阿七的信任。

阿七痛哭流涕、热泪满面地向胡雪岩倾诉自己的委屈。胡雪岩一言不发地听她说完一腔怨言，也就把她的心意摸清楚了。她嘴上虽然怨恨郁四，其实心里一直摆脱不掉郁四的影子，这样一来，由胡雪岩出面，为阿七和郁四安排了一次独具匠心的见面。胡雪岩把阿七请到事先安排好的场所里“谈判”，实际上是一步一步劝说阿七回到郁四身边，郁四躲在胡雪岩身后，用帘子做屏障。这样一来，两个人都知道了对方的心思，原来彼此的一颗心仍系在对方身上，心中的疑问和顾虑随即便消融殆尽，后面的事情自然顺理成章，他们俩重新走到了一起。胡雪岩虽不能抚慰郁四的丧

子之痛，但却帮郁四把水晶阿七寻了回来，使郁四多少在精神方面得到了一些慰藉。

在胡雪岩看来，采取这种手段做事，虽然花费了时间和精力，但为自己留下了不少人情资本，这是很值得的。换句话说，这是胡雪岩结交郁四这个朋友的机会。幸运的是，他把握住了，并且成功了。

其实在我们身边，同样有各种各样的机会，只可惜的是我们很多人并没有把它当成机会，而是把它当成麻烦给躲掉了。自然，机会擦肩而过，人脉也就随风飘散了。拓展人脉，投其所好地结交对方，一定要了解别人的难处，而且竭力帮助，只有这样，我们才能真正吸引别人来和自己交往。

第五章 行动是让想法变成现实的保证

无论你内心深处如何想处理好与他人之间的关系，也不管你怎样费尽心思地想要结交那些对你人生、事业有所帮助的贵人，最要紧的不是你的想法多么强烈，而是在于你是否会展开积极的行动，因为人与人之间的关系并不是说出来的，而是做出来的，点滴行动见证真情。

你要的机会什么样

人的一生，会遇到无数次的机会，在人际交往过程中也是一样。在我们所能接触到的人群中，会遇到形形色色的人，面对不同的人群，我们所遇到的机会也会有所不同，如何才能让不同的机会真正为己所用，这就需要你在心中暗自思考一下：我希望得到什么样的机会？平凡的，还是特别的？

如果你希望自己过一种波澜不惊的日子，那么你的交际圈维持在普通人群中即可；如果你希望成就一番伟业，那么你的交际圈就需要向更高层次的人群发展，及早地发现能给予自己教诲和启迪的人，以一颗坦诚的心虚心地向他们请教。

在结交身份比自己高的人的过程中，因为双方的学识、修养、经历、地位等的不同，使得自己和对方的交往不在同一个级别之上，在交往的过程中会存在一些沟通上的障碍。面对这类问题，大可不必惊慌，只要掌握一定的交往技巧，就可以打破这层障碍与之正常交往，甚至发展出一段深厚的友情。

1. 要尊重对方

肖磊是一家公司的职员，由于他为人谦虚，工作细致认真，深得公司另一部门领导李经理的赏识。李经理不仅平易近人、性情开朗、随和同时也是一个爱才之人。虽然他与肖磊素未谋面，但是他非常赞赏肖磊的才华，于是找了个机会约肖磊一起聊聊。肖磊并没有因为是李经理主动邀请他而得意忘形，言谈举止都严谨得宜，非常有分寸。席间，李经理多次表示要肖磊随意一些，但是他对肖磊的举动还是发自内心的高兴，他觉得自己没有看错人。就这样，肖磊与李经理逐步建立了深厚的友情。

准确把握双方的关系，这是与比自己身份高的人发展友情的基础。在跟比自己身份高的人交往的时候，要充分表现出对对方的尊重，这既是对双方关系的准确定位，同时也是对对方的一种尊重愿望的满足，必须做到严谨有致，不可苟且。

2. 要态度真诚

小薇是一个热爱文学的女孩子，她在一次会议上结识了一位有成就的作家，她十分珍惜之间的关系，希望能够与作家有更深层次的交往。但是小薇只是一个普通的办公室职员，同时又是小字辈，当然没能引起作家的注意。但是小薇对作家的这种态度视之为自然，每逢节假日她还都会主动寄贺卡给这位作家。随着时间的推移，这位作家终于记住了小薇，不仅对她的写作经常加以指导，两人还成了莫逆之交。

如果希望结交到比自己身份高的人，就要主动争取与之交往的机会。因为身份高的人的行为要保持与自己的身份和地位的一致性，所以他们一般是不会主动与比自己身份低的人进行交往的。这就要求我们主动迈出一步，做出友好的姿态。

3. 要懂得察言观色

有一个小伙子很喜欢戏曲，他的唱功也还算可以，他一直都希望自己的才华能得到他所敬重的一位老人的认可。一次，老人在一个晚会上唱京剧，虽然唱得不是特别好，但依旧赢得了不少掌声。这位小伙子见此情况，心头不禁一动：如果自己此时亮一嗓子，很可能会让老人有知音之感。于是他走上台一曲京剧唱得嘹亮高亢，结果让还在台上的老人感到非常不自在。结果可想而知，小伙子不仅没有得到老人的认可，反而因为给老人带来了尴尬，在老人心中的印象大跌。

在跟比自己身份高的人交往时，从交往的角色来说，身份高的人是交际的主角，而我们只是配角，因此我们要主动地去支持他们，配合他们。这是交际的现状，也是交际的规律，这样做不仅不会降低自己的身价，还会赢得他们对自己的信任。如果在与对方交往的时候，不能很好地摆正自己的身份，不懂得察言观色，在不恰当的时候显示自己的能耐，卖弄自己的才华，最后只能适得其反。

4. 要摒弃奉承，做到不卑不亢

前面我们说到，在跟比自己身份高的人进行交往的时候，要尊重对方。但是这种尊重不是毫无原则的盲目尊重，否则对对方的尊重就有可能变成阿谀奉承。这种“尊重”表面上看起来是尊重对方，但它与尊重的实质有着本质的区别。带有奉承性质的尊重，不仅不能赢得对方的好感，反而会激起对方对自己的厌嫌之心。当然我们也不排除个别好大喜功的人乐于听奉承话，但是这样的人很显然没有必要与他继续交往下去。

做好准备，等待机会的降临

交际场上，机遇是改变一个人的转折点，对成功很重要。每个人的一生，都会有各种各样的机遇光临，从来没有机遇光临的情况是极少见的。可是为什么有的人眼看着机遇到来却只能眼巴巴地让它溜走，而有的人却能敏锐地抓住这一宝贵的机会，凭着这个机会走向成功呢？

原因非常简单，这是因为前者在机会到来之前无所事事，想入非非，消极地等待机遇，甚至不愿去了解机遇，即便机遇降临，他们也全然不知，而白白浪费；而后者则脚踏实地做足准备，使自己具备了抓住机遇并利用它来取得成功所需要的素质，所以当机遇来临的时候，他们便能立刻抓住。

一位现代作家说过这样一句话："机遇犹如梯子两边的侧木，本人的拼搏奋斗犹如梯子中间的横木，两者兼有，才能成为攀爬成功的阶梯。千载难逢的好机会对懒汉来说无足轻重，但勤勉者却会使最寻常的机会变成良机。"

抓住机遇需要能力，更需要准备，而其中的准备就是一种能力的提升。所以，能抓住机遇也是一种能力，它会帮助你在苦苦跋涉中实现一次人生的飞跃，让你目睹成功女神的微笑。

吴鼎民教授是一个善于抓住机遇的智者，而生活也给了他一个圆满的回报。

吴鼎民是安徽巢湖人，1951 年出生，曾经是南京航空航天大学教授，常务副院长，江苏省外语教学研究会常务理事，目前则从事大学英语教学与研究工作，2006 年曾经获得"做出突出成绩的中国硕士学位获得者"（中国航空工业总公司）荣誉称号。

一路走来，期间他也曾经经历过很多坎坷，他的生活学习也因此受到了很大的打击，但是他没有轻易放弃，而是紧紧地抓住每一个机遇，好好地提高自己的能力，好好地利用机遇，这才帮助他取得了最后的成功。

小学毕业时吴鼎民以全年级第一名的成绩进入一所全国有名的中学读书。可初二还没读完，“文革”就爆发了，学校停了课，然后便是轰轰烈烈的上山下乡运动，他背着行李随着高中同学走了，这一去就是八年多。

八年中，劳动之余，他到处寻找精神食粮。附近鞭炮厂收了一大堆书籍准备卷鞭炮皮，他一听说就马上跑去，像搜寻珍宝一样淘出一批大学文科教程，随后就一本本地啃了下去，虽然有些地方不是很明白，但他不放过任何机会来学习。他不去考虑用什么办法回城，只知道看书学习。因为有一个信念支撑他——这个信念来自一位长者对他说的话：“国家不会永远乱下去，总有一天知识会有用。”他努力着，准备着，等待着机会。

终于，梦想中的机会来了，1978 年年初，初二没读完的吴鼎民同样考上了大学。后来吴教授为了提高自身能力，一次次向新的高度攀登，分别在南京大学和华东师范大学学习，1988 年获得广州外国语学院硕士学位。

吴鼎民是个普通人，也是那些因为抓住机遇而走向成功人士中的一位，从他身上我们不难发现：他的成功靠的就是坚持自己，用准备来迎接机遇，利用机遇走向成功。同时，我们也从他身上总结出了几点坚持准备的要素。

1. 眼光独到，坚持己见

现实生活中的成功者并非天生是机遇的宠儿，他们大多是在经历了奋力拼搏、曲折辛酸之后才得到机遇女神的青睐的，更是因为他们有独到的眼光，始终坚持自己的看法，而牛顿、比尔·盖茨就是其中的佼佼者。正如生理学家贝弗里奇所说：“机遇只偏爱那些有准备的头脑。”而这种准备

则是一种眼光的准备，一种看法的准备。

2. 选择好的时机

《易经·系辞下》中曾经说过："君子藏器于身，待时而动。"在漫漫人生旅途中，或许机遇只会降临一次，又或许会无数次地光顾你。但是，你若不能及时地抓住它，它就会瞬间即逝。因此，要选好时机，在恰当的时机做最恰当的准备，这样才能提高准备的力度，增加和机遇邂逅的概率。

3. 从点滴做起，把平凡事做好，不断提高自身素质和本领，机遇将不期而至

我们都知道，奋斗在人生道路上非常重要。但是也应该知道，这种奋斗不仅仅是努力干活、勇于争取，而且是做好每一件事，无论是平凡的小事，还是轰轰烈烈的大事，总之，每一件事情都要争取做好，这样才能有一个好结果。从这一点上来说，这是最好的一种准备。

4. 用最短的时间做决定

机遇往往稍纵即逝，所以当你发现机遇降临时，就一定要在最短的时间里下定决心，不能犹豫，不能彷徨，更不能前怕狼，后怕虎，否则机遇很快就会消失，让你后悔一辈子。

任何人都渴望成功，渴望辉煌，渴望实现自己的人生价值，但并不是每一个人都能获得成功。无数古今中外成功者的经历告诉我们：机会永远属于有准备的人。只要我们做好准备，机遇是可以等来的，但这种等待不是消极的等待，而是应该积极准备，并且要坚持准备，这样机遇才能降临到你的身边助你走向成功！

时机不到时要懂得坚持

说到机遇，我们都说"天赐良机不可失，坐失良机更可悲"，"一个人

要学会创造机遇，用自己的聪明才智勤奋努力，不断进取，踏踏实实地耕耘，才能获得成功”。可是在人际交往过程中，我们到底应该怎样努力，怎样用自己的聪明才智来创造机遇、迎接机遇呢？答案就是去除内心浮躁，坚持自我，去迎接机遇的到来。

当我们能够潜下心来，去除浮躁，用心对待身边的人或事时，“机遇”这位欲语还休的女神可能会在瞬间让我们一窥她的绝世容颜。机遇的降临，是不以人们的意志为转移的，对于她的不期而至，我们要有一种敏感和警觉的态度。

苏美是一家饮品公司的文员，公司产品销势始终不火，后来经一位策划师“诊断”：败笔就在商标上，于是，公司把饮品的商标全部更改，再经过一番广告宣传，当年就使企业走出了低谷。小小一枚商标竟能让企业起死回生，这深深触动了苏美，使她渐渐对商标产生了浓厚兴趣。后来，苏美又在网上看到一组惊人数据：中国名牌商标“红塔山”和“海尔”的价值都在400亿元以上！而国外的“可口可乐”和“万宝路”之类的品牌商标，价值更是高达数百亿美元。掌握了这些信息，苏美不由心里一动，一个大胆的念头在她脑子里产生了：能否也注册一些好商标卖给需要的商家呢？听朋友说注册一个商标只需花2000元，苏美就用自己的名字设计出一个商标，试着去商标局注册。但根据当时的《商标法》规定，并不允许个人注册商标。无奈，苏美只得掐灭这个“不切实际”的创富梦了。

2001年，新修改的《商标法》开始实施，其中规定，个人也能注册商标。听到这个消息苏美惊喜异常，她来到商标局，倾尽所有，一口气申请了17个商标，因其中有8个已被人注册，后获得商标局批准的只有9个。

2003年4月，令苏美望眼欲穿的9个商标终于顺利批下来了。接着，

她制作了一个简易的网页挂上中国商标网，把9个商标制作成高清晰图片放在这个网页上，信息刚上网一星期，竟有4位商界人士打来了电话。其中一位珠海制衣企业的老板表示，愿意出90000元买下其中一个商标；当月，她的“韧牌”商标被温州一家机电企业以10万元高价买走。

不久，苏美注册的第二批商标又到手了，有了两次成功出售商标的经历，她不再急于转手出售，而是让自己颇具创意的商标待价而沽。同时，她索性辞去工作，做起了新潮的“职业商标注册人”。

从2003年拿到第一批商标至今，苏美已经成功卖出了几百枚商标，这些蕴藏着惊人财富的小商标大多是她自己设计和注册的。如今，她不但坐拥300万元的惊人财富和私有房车，手中还藏着几个不轻易示人的“黄金商标”。她透露说，这几个商标的设计都和2008年北京奥运会有关，推延一两年出手会更值钱。

处处留心皆机遇，人生的机遇可能会以多种方式降临在我们身上。要捕捉它，我们就需要修正因为极度渴望成功而变得浮躁的心，培养自己坚持等待机会降临的能力。这种能力是锻炼出来的，既靠先天的条件，也靠后天的努力。但是对于很多人来说，这种努力仅仅是一种盲目的努力，不知道该怎么样来锻炼自己这种坚持的能力。关于这点，我们不妨试试下面的方法。

1. 永远要相信自己

无论是相信自己的能力还是相信自己的毅力，总之要做一个自信的人。谁都知道，一个连自己都不相信的人是无论如何也不能成功的，更不会有足够的毅力去坚持。

2. 调整自己的心态

心态好，一切都好。在考验毅力的时候，很多人不是败在没有毅力上，而是败在自己的心态上。心态不好，首先就会让自己处于一种劣势。

要让自己明白，机遇是随之而来的，不要过分强求，凡事都要自己去努力争取，天上从来不会掉馅饼，这是永恒的真理。

3. 记住自己强烈的愿望

欲望和兴趣一样，能产生很大的动力，同样也能产生毅力。正是从这一点出发，很多人在长时间进行一项工作时，总是会把未来的宏伟蓝图放在自己的面前，这样就能让自己迸发出无穷的动力和毅力。

4. 明确自己的目标

目标在人们成功的路上不仅仅能起到引导的作用，还能起到督促的作用。面对一个又一个的目标，我们难免会在心里产生一种紧迫感，而正是这种紧迫感迫使我们产生顽强的毅力，帮助自己挺住挑战的艰辛。

5. 努力做好有组织的计划

成功需要一步一个脚印，马虎不得，也侥幸不得，否则在关键时刻就会掉链子。要想做到这样最有效的办法就是努力做好有组织的计划，让计划引导、督促自己，这样就可以产生足够的毅力来面对任何挑战。

6. 积极行动，想到更要做到

想到是走向成功的开始，是给自己一个努力的方向，做到则是走向成功的脚印，一步接着一步，而积极的行动则是让自己有步骤地走向成功，这样同样能产生足够的毅力来对付艰辛。

7. 克服消极的心理因素

消极的心态对于毅力来说无疑是一个巨大的打击。它容易让自己变得脆弱、变得思前顾后而畏缩不前。因此，克服消极因素对于毅力来说，也是必不可少的，就好比给玫瑰去除扎手的刺一样，让人更加喜欢。

8. 要养成良好的习惯

习惯是枷锁也是鞭子，而决定这两者区别的就是习惯的好坏。好的习惯就是鞭子，催促自己不断地努力；而坏的习惯就是枷锁，锁住自己，不让自己邂逅机遇。

总之，等待时机的到来是一个充满了艰辛的过程，挺住挑战的艰辛是许多心理因素共同作用的结果，这些因素包括愿望、信心、明确的目标、有组织的计划、行动、习惯、人生观等，任何一个环节做不好，都会影响其结果。毅力的强弱很大程度上决定了能否成功，更加决定了你能否创造机遇。

积极表现才能赢得机会

有人将机会比作是小河里的鱼，只有当你积极主动地去抓捕，才有抓住的可能性。同理，在人际交往中，要想让自己得到他人的青睐，不仅需要用热情和行动、努力和勤奋来证明自己，同时还需要有一种积极主动、自动自发的精神。

所谓自动，就是利用自己所拥有的一切机会来展现超乎他人要求的表现，以及拥有为了完成任务在必要时不惜打破常规的智慧和判断力。知道事情的意义和自己的责任，并永远保持一种自动自发的做事态度，为自己的行为负责，才能在人才竞争激烈的当代社会为自己谋得一片立足之地，才能为自己赢取一个成功的机会。

明高考落榜后就与本家哥到一个陌生的城市讨生活，那个城市很美，让明这个农村娃看都看不过来，晚上明睡不着，翻来覆去地说："这里真不错。"睡梦中的本家哥被吵醒了，狠狠地对他说："这里不错是不错，可终究不是自己的家，这里的人根本就看不起我们这些人。"可明还是很高兴地说："虽然这里不是自己的家，但你可以把它当成是自己的家，别人看不起我们，只要我们自己看得起自己就行了。"他的话还没说完，本家哥早就再次进入了梦乡。

明最后在一家工厂帮人家看守仓库，而本家哥也勉为其难地加入到了他的这个行列。一天夜里，突然下起了暴雨，眼看着仓库外面的货物就要被淋湿了，明一骨碌的从床上爬起来，拿起雨布就一个劲地往外冲。本家哥很不理解，大晚上的做了好事谁知道，再说，外面的东西又不归自己管，于是一个劲地骂明蠢蛋。

明根本就顾不上那么多，他只是觉得这些东西淋湿了怪可惜的，在农村，谁家里有困难，他们都主动去帮忙，尽管是别人的东西，损坏了总是不好的。

经过一番折腾，货物终于保住了，这时老板也来了，看到满身湿淋淋的明，很受感动，于是当场提出要给他加薪水，可是明却没有答应，他憨憨地说："这是我应该做的。"

最后老板让他出任另一个公司的总经理，可他死活不从，说自己的文化水平太低，还是让那些有文化的人干吧。老板却说："我看重的就是你，因为你比那些有文化的人责任心都要强。"

于是第二天，明成了总经理，而本家哥却还在看守仓库。在他正式上任的那一天，本家哥来看他，让他给个美差干干，可是明没答应，原因就是本家哥不把这里当成家。本家哥气急败坏，大骂明忘恩负义。

公司开业，几个学历很高，也很有潜力的业务员被招聘到明的公司，后来那些业务员知道了明的背景，就开始看不起明，后来明说，我这个总经理的帽子谁都可以戴，但最关键的并不在这里。后来那些业务员开始安静了，也开始为公司卖力地干活了，不到一年，这个公司就搞得有声有色，甚至在国际上都很有名望。

某天，一个外商听说这个公司很有发展前途，就慕名而来想要和明谈合作事宜，明很高兴地接待了对方。对方是一个外籍华人。

明用英语问："您会说中文吗?"

对方说可以，明就说："那我们还是用母语来交谈吧!"

对方怔了一下，答应了。

谈判很愉快，也取得了实质性的进展，会后，明说请他们吃饭，对方同意了。

晚餐虽简单，但有特色。所有的菜都吃光了，只剩下一小碟花生米，明对服务员说打包带走。

说这些话的时候，明觉得很自然，可是他的助手却不由得紧张起来。这时外商像发现了金子一般的握住了明的手，激动地说："你就是我要找的合作人，明天我们就签合同。"

分手的时候，外商问明曾经受过什么教育，为什么能做得这么好，明说：我家很穷，父母不识字。可他们对我的教育是从一粒米、一根线开始的。后来我父亲去世，母亲辛辛苦苦地供我上学。她说俺不指望你高人一等，你能做好你自个儿的事就中……

外商满眼泪花地举起了酒杯说："让我们为世界上最伟大的母亲干一杯吧！"

从此以后，明的事业一帆风顺，而他的本家哥却还一直在为生计奔波。

明之所以能够在短时间内获得如此大的成功，与他拥有积极的心态以及以诚待人的良好品质是分不开的。正是明在工作中的积极表现，才让他的老板发现了他良好的责任心，赢得了老板对他的赏识，给了他第一次升职的机会；在他担任经理之后，他在公司员工以及合作伙伴面前，不带任何掩饰的真诚态度，赢得了大家对他的尊重和认可。

不管是明获得升职的机会，还是他与外商的合作机会，无一不是他用自己积极的行动和真诚的态度所换来的。在生活中，当我们发现那些需要做的事情——哪怕不是分内的事，只要有能力，我们就要认真地去做，因为，那意味着我们会赢得更多超越他人的机会。

与其消极等待，不如积极创造

在人际场上，我们与他人的每一次交往，都有自己的理想和目标，要想让它们成为现实，要做的第一步就是学会醒目地亮出自己，为自己创造机会。说到底，这是一种观念：是主动出击还是被动选择？其实，这决定着你能不能改变目前的不利现状。

华隆集团的创办人卢俊雄，虽出生于工程师家庭，但10岁时他便开始瞒着家人，带着10元钱独闯武汉去寻求机遇，发掘财源。正因为他的这种积极，最终改写了他的人生。

1980年，一件事改变了卢俊雄的命运。一天，他到白云宾馆准备买些书拿到街上卖，结果尚未行动就被派出所扣住了，直到晚上8点才放他回家。当晚，归家时，再没有办法撒谎说“找同学玩”了，因为同学已被母亲问遍了。于是，他如实供认一切“不轨行为”。他开明的父亲听完，说：“就算穷一点，也不能这么干。这样吧，我给你3本邮票，你去集邮吧。”

卢俊雄凭这些邮票，参加了1980年在广州文化公园举行的全国首届邮票展销会。可是他的兴趣放在了公园门口那三五一群换邮票的人堆里，他用卖报卖书的几十元钱，在市青少年宫、火车站、邮票公司等处，又炒起了邮票，迈出了创业的第一步。

读初二时，他成立了广州第一个自发性的中学生社团——“省实”集邮社。他帮爱集邮的学生代买各种邮票，并从中提取“劳务费”。

中考完后，毫无信心的他早就订好了去武汉的火车票。准备一旦落选，就弃学从商，浪迹天涯，靠“炒”邮票为生。结果他考上了。

高二时，他组织了“中学生集邮冬令营”。各个学校有不少人报名。然而开营举行邮展那天，人却不多。原来，报名者都忙于补习功课，有的

班主任不让来。地方集邮协会负责人、校教务主任等特意赶来参加开营典礼，卢俊雄的眼睛湿润了。

卢俊雄把他的心情写成一篇文章，寄给香港《邮票世界》杂志，竟获刊登。更奇妙的是，一些海外邮票商竟纷纷来函寄钱，托他购买邮票，因为“邮票无国籍”，200 枚以内夹在信封里邮寄无须纳税。因此，卢俊雄开始进入了“国际市场”。比如，买到 100 元人民币的“错体票”（漏色、印倒、变体的邮票）寄出去可获 100 英镑的收益。

1986 年年底，卢俊雄念大二，此时的他做了另一次跋涉——给深圳大学一勤工俭学者从广州批发贺卡。他找到了广州最大规模且价格最低的批发商，说：“要去年的积压品。”这些不值钱的旧货，在一年之后都以高价卖出了。卢俊雄晕车，第一次从广州到深圳交货是夜间坐中巴，他吐了 20 多次。深圳人感动之余，给了他更大的订单。不到 10 天的时间里他赚了 3000 多元。

卢俊雄通过集邮杂志和邮票公司收集了全国 2000 多个集邮爱好者的姓名、地址，用卖贺卡赚的 3000 多元办了份双面 8 开铅印的《南华邮报》免费寄给这些人。其中，卢俊雄得到了一位大的邮票供应商的支持，他的生意越做越大。1987 年 1 月，就做成了 3 万多元的生意。到 1989 年，《南华邮报》已发行 5 万份，即拥有 5 万个客户。1991 年二三月至七八月间，由于股市整顿，邮票市场非常兴旺，邮票价格上涨了 5 倍，卢俊雄大获其利。

卢俊雄做了几年的邮票生意，觉得应往更高层次发展，于是他又开始寻求新的机遇了。经过深思熟虑，他认为房地产生意虽然利润高，但风险也大。更主要的是做这种生意需要大量的资金，而此时的卢俊雄没有多余资金。但是他的过人之处就在于用少量的钱做房地产生意，即从市中心旧房子入手。作为刚刚兴起的房地产业，卢俊雄抓住了这个历史性的机遇。

1991 年，他开始做房地产生意。他先付几千元定金，然后再在香港报纸上登广告找买主，由买主出装修图，他代为装修并安装电话。每平方米800元的旧房，他可以以每平方米2000元的价格卖出，在当时房地产市场尚未启动的形势下，他却生意兴隆，财源广进。他再一次使用了靠别人的钱去赚钱的方法，并取得了成功。

1992年12月，位于中山七路的“城市百货中心”开业。在剪彩仪式上，卢俊雄带着记者参观了这个占地1400平方米，有中央空调、自动电梯的现代化大商场。他兴奋地透露：180多个摊位在23天之内全部招租出去，一个摊位一次收10年租金5万元，华隆一下子就收到了近1000万元的资金。它的成功在于卢俊雄设计出独特的退款方式，别的商场是10年后一次退还，华隆却每年退一部分。

与此同时，卢俊雄还在人口稠密的西华路兴建了占地1000多平方米的时装购物广场，承租者自报需求面积，隔成高档玻璃房间，每平方米50年租金7万元，20年内逐年退还，承租者还可以得到华隆公司赠送的100平方米位于新塘的土地。投资者觉得非常合算，纷至沓来。很快，卢俊雄又得到了几千万元。

人们常说弱者等候机会，而强者寻求机会。在人际交往的过程中，机遇无处不在，但是只有自己积极地加以寻找和创造，才能像卢俊雄一样用10元钱去结下上亿的财缘一样，为自己建造了一个资源丰富的人脉宝库。

机会对任何人来说无比重要。在人际场上，把握住了与他人结交的机会，做事就比较容易成功。但有些人常常感叹自己的时运不好，总是碰不到好的机会，更多的人则在空空的等待中虚耗生命。其实，与人交往的机会不是等来的。如果你只知道坐在家中等着别人找上门来，而不去创造与他人结交的机会，那么你将永远不会得到机遇的青睐。

机会要争取，更要利用好

在人际交往过程中，很多成功的机会通常都需要我们自己去争取，才能得到。也有很多人在努力为自己争取到机会之后，以为自己从此就可以高枕无忧，坐享其成了。如果你也是拥有这样心态的人，那么你就大错特错了。争取到成功的机会，并不能代表你就真的获得了人际交往上的成功，如果你不懂得好好利用手头的机会，到最后你依旧只能是一个失败者。

有一批医学专业即将毕业的学生，成绩都十分优秀，经过导师的推荐，他们一组12个人来到某市的卫生部参加实习面试，但是只有一个人能够获得实习机会，因此大家都很看重这次面试，为此也做足了充分的准备。

面试当天，12位学生共同坐在会议室里等待着卫生部长的到来，那天天气很热，办公室的秘书便给大家逐一倒水，这些同学们没有一个人上来帮忙端一下，都是表情木然地看着她忙活，当水递到同学们的手中时，有一个人张口就问："天太热了，我想喝绿茶？你这有没有啊？"秘书回答道："抱歉，刚刚用完了。"坐在一旁的许乐看出秘书心里的不高兴，于是他起身对秘书说："谢谢您为我们倒水，这么热的天，辛苦了。"秘书抬头看了许乐一眼，虽然这是一句很普通的客气话，但却是她今天唯一听到的一句，这让秘书对这个小男孩产生了一丝好感。

等了十多分钟后，卫生部长走了进来，他的第一句话就说："很抱歉，刚才有个会议耽误了点时间，让大家久等了。"同学们没有一点回应，这让部长感到有些难堪。部长心想，可能是这些学生有些紧张吧，随即也就在心里原谅了大家。于是他坐到同学们的面前与他们闲聊了起来。所有的同学都以为面试的时候应该很严肃，部长也应该是不苟言笑的人，问一些专业上的知识也就面试结束了，哪里想到部长却与他们天南地北地说一些与医学不相关的东西，这让大家紧憋着的一口气一下子放松了。开始的时候他们都能够认真地听部长在讲些什么，也有人顺带着回复一些话语，可十分钟下来，就什么样的状态都有了，有的人跷起了二郎腿，有的人拿着手机发起了短信，甚至还有人被外面的小鸟吸引去了视线，只有许乐一直正视着部长的眼睛，听部长滔滔不绝地讲着，尽管有些时候他根本不知道部长到底在说些什么，但是他还是礼貌地点头回应着。

部长在谈了三十分钟后，拍醒了一个眯着眼睛快要睡着的同学说："好了，今天就到这里吧，改天我会通知你们的导师最后确定的实习名额是哪位同学。"同学们都觉得十分奇怪，就问部长："可是您还没有对我们进行正式的面试啊?"部长笑了笑说："不用了，我心中已经有数了，大家请回吧，对了，我这里有一些卫生部专印的纪念本，送给大家当作留念。"同学们听到部长这么一说，便坐着随手接起部长递过来的纪念本放进背包里了。当部长递到许乐面前的时候，许乐礼貌地站起来，身体微倾，双手握住了纪念本，恭敬地说："谢谢您！"部长微微一笑，拍了拍他的肩膀："这位同学，你叫什么名字?"许乐照实作答，部长便没有再说什么了。

两天后，导师将12位学生叫到了办公室，对他们说，卫生部最后的决定人选是许乐。有几位颇感不满的同学就问："为什么啊？他的学习成绩在我们这些人当中最多算是中等，凭什么选他而没选我们?"导师看了看这几张尚属稚嫩的脸，笑道："其实你们的机会是完全一样的，你们的成绩甚至比他还要好，但是除了学习之外，你们需要学的东西太多了。"

许乐的成功并非偶然，虽然他和他的同学所面对的机会是一样的，但是他却善于在相同的机会中表现出不一样的自己，比如：当所有的同学对卫生部长的谈话表现得趣味索然时，他却一直认真地听，虽然他不懂部长

说的究竟是什么，但是他都礼貌地做出了回应；在卫生部长结束谈话后给大家递发纪念本的时候，在大家都没有表现出为人处世最基本的礼貌时，他用礼貌得体的举止给卫生部长留下了深刻的印象。

许乐的这些所作所为，在人际交往中看似是不起眼的小事情，但是却能决定其在别人心目中的第一印象。当我们为自己好不容易争取到了通向成功的机会时，万不可认为得到机会就是得到了成功，只有像许乐一样，争取到机会之后再好好利用得之不易的机会，才能让自己真正攀上成功的顶峰。

第六章　人脉无易事，全靠动脑子

你是不是真的无法融入到想进的圈子呢？是不是他们真的难以结交呢？人世间，所有问题都是我们自己臆想出来的，那些阻碍我们人际关系的问题也是如此，倘若我们愿意花一点心思开动脑筋，那一切问题都不是问题。

对方的谈话体现内涵

一个人的品格好坏、内涵有无，都可以从他的谈话当中体现出来。因为说话最能体现一个人的内心。我们心里想什么，即便再怎么隐藏，在细枝末节当中也会体现出来。一些人在和别人交往的时候，为了达到某种目的，故意隐藏自己的本性，来达到“欺骗”对方。事实证明，这些人的做法是徒劳的，因为只要他们一张口，我们就能明白对方的品格内涵。为什么这么说呢？因为从他们嘴里说出来的话，乃至于他们说话的神情，都在无声地透露着对方的品格和内涵。总的来说，人的说话风格主要包括以下几类，而这些类别的说话方式都代表了某种品格内涵。

1. 高谈阔论型——豪爽，但是不务实

这类人的着眼点很高，无论是在生活上还是工作上，都喜欢往高里看，不拘小节。不过这种人比较看重结果的好坏，而不太看重过程中的细节问题。他们的性格非常豪爽，但是很多时候不免出现一些“不务实”的情况，只懂得追求一种理想化的东西。在交际当中，他们往往对交往对象的身份很苛求，而很少考虑对自己有没有实际帮助。

所以说，与这样的人交往时必须要注意一点：不要跌了自己的身份，“范儿”越大，对方就越看重自己。当然，如果要和这样的人做生意、合作、创业的话，就得好好思考一番。因为他们的想法很可能只会停留在高谈阔论上，而没有实践、执行的可能性。

2. 风趣幽默型——创造力强，有修养

这类人想象力非常丰富，对事物的创造力极强，懂得用幽默来缓解窒息紧张的气氛，特别是在和对方交往产生尴尬的时候，他们总是能快速打破尴尬，给别人一个台阶，也给自己一个面子。总的来说，这样的人非常有修养，要想和这样的人交往，必须时时刻刻注意，不要让对方觉得难堪。虽然他们善于解决这些尴尬局面，但是他们并不喜欢这些局面的出现。当然，如果我们能赢得这样的人做朋友，乃至于一起工作、合作、创业，那是最好不过的。

3. 从容平和型——善于思考，比较传统

这类人属于细心思考型，性格优雅平和，待人亲切宽厚却又谨慎小心，轻易不得罪任何人。他们做事井井有条，快而不乱，虽然思想有点保守，又恪守传统，但他们对社会新生事物持公正包容的态度，好的就是好的，不好的就是不好的，而不是采取“一棍子打死人”的态度，具有从容平和、模范长者的风范。总的来说，这种类型的人不缺乏内涵，可以交往，而且还可以深入交往，作为扩大自己人脉的人选之一。

4. 辛辣讽刺型——观察力强，待人较苛刻

这类人对生活的观察细致入微，往往“视角独到”，并仗着自己的“知识丰富”，到处对人尖酸刻薄，言词激烈，他们似乎天生懂得嘲弄对方，让对方下不了台似乎是他们最大的享受。从另外一个方面来说，他们也是理想主义者，并始终竭尽全力地把弥漫在社会各界的弊端活灵活现地表现出来，并以此表现出他们内心深处的道德愤慨。

毫无疑问，这类人的内涵就值得怀疑了，甚至他们是否真的有才同样

值得怀疑。如果没有十分的把握，最好还是不要和这类人有太多的交往，因为和他们交往，你得到的往往不是你希望得到的，而是无尽的嘲讽。无论我们是成功还是失败，对于他们来说，都是嘲讽的绝佳题材。

5. 自私功利型——没有信心，阴暗卑鄙

这类人心里总是想着自己，从来没有别人的位置。更何况，心怀叵测、相信先下手为强，始终把矛头指向那些令他们紧张和恐惧的人与事。当然，这是对自己没有信心的反应，在很大程度上是对自己的否定，总是害怕别人无法满足自己的要求，便先下手为强，抢占先机，获得主动权。单单从这一点来说，我们就可以看出，这些人的内心非常阴暗和卑鄙，和这样的人交往，必须有十二分的警惕之心，否则很容易被伤害。

6. 犀利锋锐型——观察力强，但不懂得包容

这类人眼光比较犀利，看问题很快就能看到点子上去，常常是一步到位，特别是对待许多细节问题，往往能一针见血地提出解决方案，但是他们往往会忽略从总体上、客观上把握问题的关键和实质，容易犯舍本逐末、断章取义的毛病。另外，这类人言辞锋锐，在看人时一旦抓住对方弱点就狠打猛打，不给对方丝毫回旋的余地，因此这类人很难有知心朋友，因为他们根本就不懂得包容，根本就不善于求同存异。

当然，要和这样的人交朋友，同样需要有一定的警惕之心，否则，很容易让自己受到伤害。

7. 自我嘲讽型——心胸开阔，人品不错

自我解嘲在某种程度上是一种自我保护的方式，这类人总是先人一步，把自己的缺点暴露给对方，让对方觉得自己还是比较坦白，即便在后来的交往中出现了什么纰漏，也容易找到台阶下，不至于太难堪。当然，这类人无论是为人还是处世，都讲究“宽容”，他们开阔的心胸很容易让周围的人觉得他们很容易交往。因此，这类人的身边并不缺乏朋友。总而

言之，这类人人品不错，有点内涵，可以交往。

8. 添油加醋型——接受力强，常心怀叵测

这类人对新生事物的接受能力很强，特别是对生活中的一些新鲜词汇，总是能信手拈来，并把它们当成生活中的佐料一样，给每天的生活一个崭新的面目，活得有滋有味。但他们在人际交往上总是给人“居心叵测”的感觉，任何事情到了他们手里，只要自己有需要，就能改变说法，让事情随着自己的要求转。当然，这是这类人人品上一个不可磨灭的污点，和他们交往，很容易掉入他们设计好的陷阱之中。

9. 哗众取宠型——虚伪高调

这类人做事的最终目的是要引人注意，他们喜欢把自己放在大家焦点的位置，喜欢听赞扬的话。甚至为了达到这种目的，会做出一些特别离谱的事情，即便这些事情自己根本就不精通，依旧做出不懂装懂故意的样子。出洋相、尴尬的局面也就在所难免了。

说到底，这类人比较虚伪，为人处世比较高调，做事情总是不太靠谱。和这样的人交往，我们只有无限制地顺着对方，不能和他们抬杠，否则就会出现一大堆的麻烦问题。

10. 标新立异型——容易偏激

这类人具备开创性思维，想法特别多、富有创意，对任何事物都有着强烈的好奇心，并且不满足于现状，常常通过自己的独特思维达到标新立异的效果，做事力求独树一帜、与众不同。对待新生事物有着很强的接受能力，敢于向权威与传统挑战。他们往往不受礼法约束，精于谋略，开拓性强。但是在创新时不能冷静思考，观点容易偏激而不被世人所理解，甚至会达到孤立无援的程度，毁于一旦。和这样的人交往，必须十分宽容而冷静，因为他们的偏激会激怒我们，而且他们的“忽悠能力”相当强，原本不能做的事情，一旦从他们的嘴里说出来，就变得可做了，而且是非做不可。如果我们不够冷静，很可能就跟着他们掉进沟

里去了。

11. 旁征博引型——底蕴深厚

这类人知识面比较广，喜欢旁征博引，不管是天文还是地理都能知其一二。这类人一般性情比较温和，善于与人交流，特别在交际的时候，总是能给人一种“博学”“儒雅”的感觉。当然，这是他们的本色，能和这样的人交朋友是再好不过的。无论是把他们当成自己的老师还是朋友，都是非常适合的。

12. 温柔平顺型——性情温和

这类人性格温和平顺，不争强好胜，对金钱和权力的欲望不重，喜欢过与世无争的日子。在生活中，不管跟谁都轻声细语地说话，讲究以“和”为贵。他们为人处世讲究平和顺畅，易与人相处，因此人缘不错。但在事业上，他们意志软弱，胆小怕事，原则性也不强，常常被权威和压力所吓倒等。因此，对生活、工作中出现的问题采取逃避态度，宁可自己受委屈也不愿去解决。这同样是交友的合适对象之一，找到一个朋友，就等于找到了一个知己。

说到底，扩展人脉圈，并不是一件简单的事情，不仅要有这个心，而且还要懂得从对方的谈话当中，获取对方人格上的秘密。只有这样，我们才能知己知彼，百战不殆。

随身物品无声泄露内心

现实生活中，人们多多少少都会随身携带一些物品，无论是名片夹，还是手提包，乃至手机等。心理学家经过研究发现，不同性格的人对物品的形状、大小及颜色的要求不尽相同。换句话说，随身物品在无声地泄露着一个人的内心。我们要想了解一个人，只要通过观察他们的随身物品即可获知一二。

1. 在物品形状选择上

喜欢圆形款式的人，女性比较传统，拥有极强的家庭观念，有一定的依赖性，但比较容易满足，性格属恬静型。男性则性情温和、亲切、平易近人，具有强烈的责任心，能够带给人安全感。

钟情于椭圆形款式的人，女性具有较强的独立性和创造性，不论在生活中还是事业上，都能够独当一面，往往容易得到上司的欣赏和器重。男性则富有正义感、具有超群的领导能力，易得到大家的认可。

偏爱心形的人，女性性情细致、体贴入微，而且浪漫活泼，感情丰富，富有女人味。男性则热情大方，乐于助人，对爱情执着，具有很强的社交能力。

偏爱长方形或方形款式的人，女性生活态度比较严肃认真，做事井井有条，坦诚、坚强。男性则处事沉稳，具有很强的洞察力，理性思维胜过感性思维，精力充沛。

偏爱梨形款式的人，女性多表现为追求时尚的现代女性，容易接受新鲜事物，勇于探索，具有较强的适应能力。男性则禀性坦诚、外向，懂得尊重他人。

偏爱橄榄形款式的人，女性具有很强的事业心，性格大胆外向，喜欢具有挑战性的生活，愿意承担压力。男性则具独创性，喜欢标新立异，追求刺激，一旦做出决定，不轻易因外界干扰而动摇。

2. 在物品的大小选择上

小巧精致的物品，多半会为活泼好动、性格开朗的女性所喜欢，一般也比较容易打动性格豪放型的男士。

大而不张扬的物品则多为性格恬静、温顺柔和的女性所钟爱，同时也会成为沉默寡言型男士的首选。

3. 在物品的颜色选择上

喜欢红色物品的人，个性积极进取，充满活力，朝气而又富有热情，对人生充满希望，不断激励自己迈向人生一个又一个成功的阶梯。即使跌倒，依然能坚强地站起来继续向目标挺进。总而言之，这类人喜欢在挫折中前进。

喜欢绿色物品的人，对新奇的事物充满兴趣。对朋友多会表现为热心过度，帮助别人之时，常常给人留有好管闲事的印象，让人觉得不能忍受，惹人生气。但却是一个懂得享受生活的人。

喜欢灰色物品的人，拥有很强的责任心，从来不会把分内工作推给别人，无论多么辛苦也尽量独立完成，品位与众不同，并拥有自己的一套做人做事原则，不过有时做事过于激进，缺乏周详的考虑。

喜欢黄色物品的人，向往富丽堂皇的生活，重面子，讲究排场，并以此为目标激发自己不断上进，成功与胜利的祝贺经常萦绕耳边，使其对人生充满期待。

喜欢黑色物品的人，善于思考，思维清晰且具有很强的理性，乐于帮助人，同时又是一个理想主义者。

喜欢棕色物品的人，重视名誉与尊严，总喜欢在平淡的生活中为自己设定目标，待人宽厚，从来不会和朋友计较过多，喜欢安分守己，是个平凡可靠的人。

喜欢紫色物品的人，喜欢具有挑战性的生活，渴望刺激，懂得不失时机地表现自己的魅力，热情又好奇，总能让生活变得多姿多彩。

喜欢蓝色物品的人，是个典型的实干家，具有很强的执行力，喜欢出席各种社交活动，但同时要注意关心周围的人，否则可能会因为出席活动过多而忽略了对方的情感。

4. 在随身包的选择上

在现实生活中，最常见的随身物品就是包了，这就是说，从一个人的随身包当中就可以看出这个人的内心。比如以下几点：

一般来说，喜欢大众化随身包的人，性格也比较大众化，没有什么特

别鲜明的个性。这类人思想平庸和狭窄，成就不大。

相对于大众化而言，那些喜欢独树一帜、标新立异的人，通常拥有很强的个性，看事情多从自己独特的思维、视觉等角度出发，凡事喜欢理性思考，经过分析后，再做出选择。这类人通常具有浓厚的艺术细胞，喜欢我行我素，不被人限制，同时具有冒险精神，有胆有识。如果不出意外，自己又肯努力，将会在某一领域做出一番成绩。

喜欢具有浓郁的民族风格、地方特色的随身包的人，具有较强的自主意识，是典型的个人主义者。他们个性突出，往往有着与他人截然不同的衣着打扮、思维方式等。他们在人际交往过程中，不善于营造和谐、融洽的气氛。

喜欢超大型随身包的人，性格多自由自在、无拘无束，容易与他人建立某种特别的关系，但是关系一旦建立以后，也会很容易破裂，这或许是由于他们的性格使然。他们对待生活的态度多表现为散漫，缺乏必要的责任感。虽然他们自己感觉无所谓，但却并不是所有人都能容忍和接受的。

偏爱休闲式随身包的人，性格平和，喜欢无拘无束，喜欢从事伸缩性较强、自由活动空间较大的工作。这类人大多懂得享受生活，他们对生活的态度比较随意，不会苛刻地要求自己。他们比较积极和乐观，也有一定的进取心，能很好地安排工作、学习和生活，做到劳逸结合。在比较轻松惬意的氛围里把属于自己的事情做好，并会小获成功。

还有一些人喜欢把随身包当成一种装物品，并不奢求它有过多实用性，如有小把手的方形或长方形的手提包。这种手提包外形和体积都相对比较小，使用起来并不是特别的方便。喜爱这一款式随身包的人，多是生活阅历比较浅，没有经历过生活磨难的洗礼的人。他们比较脆弱，一旦遭遇挫折将不堪一击，容易妥协或做出让步。

一般来说，这种小巧精致、不实用、装不了什么东西的手提包，多会被年纪轻，涉世不深，比较单纯的女孩子所崇尚。但如果过了这样的年纪，步入成年，非常成熟，还热衷于这样的选择，说明这个人对生活的态度是非常积极而乐观的，对未来充满美好的期待。

喜欢中型肩带式随身包的人，个性比较独立，但在言行举止等各个方面却相对比较传统和保守。他们有一定相对的自由空间，但不是特别的大，交际圈子比较狭窄，朋友也不是很多。

喜欢金属制随身包的人，多具有较敏感的时尚观念，能够很快跟上流行的脚步，对新鲜事物的接受能力很强。但是这一类人，在很多时候总是吝啬于付出自己的财力、物力、情感等，而总是希望别人付出能够多于自己。

喜欢中性色系手提包的人，表现欲望并不是很强烈，他们不希望被人注意，目的是减少压力。他们凡事多持得过且过的态度，比较懒散。在对待他人方面，也喜欢保持相对中立的立场。

喜欢男性化随身包的人（对女性而言），比较坚强，吃苦耐劳，性格外向。

喜欢把手提包当成购物袋的人，做事急于求成，很讲效率，却没有一定的规则，很多时候适得其反。这类人性格多比较随和亲切，有耐性，满足于自给自足。在他们的性格中感性成分重，做事有些喜欢意气用事。独立能力比较强，不太习惯于依赖别人。

选择的随身包是公文包，能从侧面反映出包主人的工作性质。他们可能是某个企事业单位的普通职员或高层管理人员。选择公文包可能是出于工作的一种需要，但在其中多少也能透露出一些个性的特征。这样的人大多办事较小心和谨慎，他们不一定非得要不苟言笑，即使是有说有笑的人也会相当严厉。当然，他们对自己的要求往往更高。

不习惯于携带随身包的人，要分两种情况来分析其个性特征：一是可能是因为他们比较懒惰，觉得带一个包是一种负担，太麻烦了。二是他们

的自主意识比较强，希望独立，而手提包会在无形当中造成一些障碍。这两种情况有一个共同特点，就是都把随身包当成是一种负担，可以间接反映出这类人的责任心并不是特别的强，他们不希望对任何人、任何事负责任。

现代人越来越注意物品的选择与搭配。随着生产工艺的不断提高，制作小物品的材料日益多元化，花样也更丰富，人们的选择更多元化，同时也为它赋予了更丰富的内涵。

想要别人透彻地了解你，就要保持适度的神秘感

一般人的心理就是越神秘的东西就越想要一探究竟，你要想让别人接近你，进而了解你的为人，你就不要一下子将自己的底全兜光，保持适度的神秘，勾起对方的胃口，一边吸引对方关注自己，一边将自己的思想、能力、态度、习惯展现给对方，这是快速拉近与对方距离的妙招。

身边守着一个如花似玉的妻子，却老是幻想着别的女人。其实，那个“别的女人”未必就比自家的妻子贤淑、漂亮。但花心的男人就是会认为“别人的总是比自家的好”。

这是什么原因呢？原因就在于天天与妻子厮守在一起，妻子的所思所想、一举一动、一颦一笑他都非常熟悉，没有什么新鲜感了。而正因为尚不了解“别的女人”，这就给了他无限遐想的空间，而且如果她越是令人捉摸不透，他反而会越有一探究竟的欲望。

相信很多人都有这样的经验：追求异性的时候，一下子将自己的老底都展现给对方，或许会给对方留下一个坦诚老实的好印象，但从此你在对方的心目中也就定格了，既不刺激，也不浪漫，成功的概率会大为降低。

报纸上有报道说，某个初中没毕业的三十大几的农民，竟然与一个经济学女博士走到了一起。他们交往了三年之久，这位女博士竟然一直相信

他曾在国外某名牌大学“镀过金”“事业有成”“很有后台背景”。这个农民为什么能结识比自己学识高的女友，秘诀就在于两个字——神秘。

快速拉近与陌生人的距离，关键就是要有吸引人的魅力。这种魅力是多方面的，其中，学会吊人胃口是最为有效的一招。下面我们来看看姜子牙是如何利用这一招的。

姜子牙，本名吕尚，是我国上古时期最为著名的政治家和军事家。

姜子牙生活在商期末年，当时纣王无道，荒淫无度，社会矛盾急剧激化。与此同时，商王朝周围各诸侯国迅速崛起，特别是西伯姬昌（后为周文王）励精图治，大有取代殷商之势。

姜子牙生逢乱世，虽有经天纬地之才，无奈报国无门，潦倒半生。他曾在商王宫中做过多年小吏，虽然职低位卑，但却处处留心。他看到商纣王整天沉湎酒色，荒废国政，几次想冒死进谏。一则想救民于水火，二则可以因此受到商纣王的赏识，求得高官厚禄。然而姜子牙后来见到大臣比干等人皆因直谏而送了命，只好把话强咽回肚中，他料定商朝气数已尽，纣王已不可救药，自己不愿糊里糊涂地替无道的商纣王殉葬。于是，便决定另攀高枝，改换门庭。

当时，姬昌立志复兴周国，除掉纣王，求贤若渴，正是用人之时。姜子牙为了引起姬昌的注意，一开始便能获得姬昌的器重，便采取“留白”的策略，在渭水之滨的兹泉垂钓。这个地方风景秀丽，人迹罕至，是个隐居的好地方。当然，姜子牙并非要在这里老死林下，而是在此静观世变，待机而行。

这一天，姜子牙听说姬昌要来附近行围打猎，便假装在兹泉垂钓。这时候，姜子牙还是个无名之辈，身为西伯的姬昌当然不会认得他，但姜子牙却见过姬昌。为了引起姬昌的注意，他故意把鱼钩提离水面三尺以上，而且钩上也不放鱼饵。这种荒诞的举动，果然引起姬昌的好奇，于是便走

上前充满好奇地问道："别人垂钓均以诱饵，钩系水中。先生这般钓法，能使鱼上钩吗?"

姜子牙见姬昌对人态度谦和，对自己这个年迈的老者没有一点架子，果然是个非凡人物，便进一步试探道："休道钩离奇，自有负命者。世人皆知纣王无道，可是西伯长子就甘愿上钩。纣王自以为智足以拒谏，言足以饰非，却放跑了有取而代之之心的西伯姬昌。"

姬昌闻听此言，大吃一惊。心想：这位老人身居深山，何能知天下大事？更为不解的是，他怎能把我姬昌的心迹看得如此透彻？肯定不是凡人！便赶紧躬身施礼，态度诚恳地说道："愿闻贤士大名?""在下并非贤士，乃老朽吕尚是也。"

"刚才偶听先生所言，真知灼见，字字珠玑，不瞒先生，在下就是你说到的姬昌。"姜子牙此时才装出一副吃惊的样子，诚惶诚恐地说："老朽不知，痴言妄语，请西伯恕罪。"

姬昌连忙诚恳地说道："先生何出此言？今纣王无道，天下纷纷，如先生不弃，请您随我出山，兴周灭商，拯救黎民百姓。"

姜子牙假意客套了一番，即随同姬昌一起乘车回宫，一路上纵论天下大势，口若悬河。姬昌如鱼得水，相见恨晚，回宫之后，立即拜姜子牙为太师，视为心腹。从此以后，姜子牙官运亨通，飞黄腾达，并且为灭商兴周出了大力。

姜子牙看似荒诞的举动却颇有深意，因为他这样的举动能很快地吸引西伯姬昌的注意。有的人想要结识别人，总是不得其门而入，天下往来人之多，为什么别人会一下子就注意到你呢？就是因为你有与众不同的地方，只要你能够在这个不同的地方大做文章，就能够影响对方的态度，并以此吸引对方向自己靠近。

点拨关节点，委婉地给对方施加压力

将自己的观点强加给别人，你永远得不到心悦诚服的接受。但如果你换一种角度，以柔和的手段，再加上戏剧性的表演，你可能得到的要比你期待的更多。如果你想要使他人心甘情愿地信服，你就要让别人觉得这些意见是出自他们的内心。

要想把话说到点子上，就必须抓住对方的心理。就像一个神枪手，如果蒙上他的眼睛，再让他去找一个目标，那么，他只能凭感觉去打，这是难以击中目标的。

话说秦昭襄王在位时，燕国有个说客来到了秦国，这人名叫蔡泽。蔡泽学识非常广博，尤其善于辩论。当时，他听说秦国的丞相范雎急于卸掉丞相的担子，原因是自己的亲信郑安平和王稽都犯了重罪，令自己心中日夜忐忑不安。于是，他决心赶到秦国来，用自己的睿智与辩才，向范雎游说。

虽然蔡泽是个穷汉，但到了咸阳后他就住进了旅店，并对店主说："老板，你给我拿些好酒好菜来，等我当了丞相，一走会给你丰厚报酬的！"店主说："你是什么人，居然还敢梦想当丞相？"

蔡泽说："我是天下雄辩有智的人，此次是前来求见秦王的。秦王见了我，必然会佩服我的才智，然后一定会取下范雎的相印挂到我的腰间来。"

店主见他如此狂妄，就对他进行了一番嘲讽，并把他的话当成笑话去讲给旅客们听。自然，蔡泽的这一番话很快就传到了范雎的耳中。于是，范雎便命人去把蔡泽找来。

当官差一到旅店，说要找蔡泽，店主便忧心忡忡地对蔡泽说："你看，

谁叫你胡说八道啦，这下可大祸临头了！”

蔡泽笑了笑，说：“这下子我就可以更快地做上丞相啦。我一见到范雎，他就必定会解下相印让给我，都不需要去见秦王了。”店主觉得蔡泽脑子一定是进水了，不免有点可怜他，又看到他很贫困，就说：“你不需要交食宿费用了，快去吧，只是不要连累到我！”

蔡泽便跟着官差去范雎相府。

进得相府，便看到范雎高坐堂上，范雎见到蔡泽，也不叫蔡泽坐，而是厉声地诘问：“想取代我做丞相的人是你吗？”

蔡泽站在一旁，从容地回答道：“正是在下！”

范雎又问：“你是来向我游说，要夺掉我的爵位吗？”

蔡泽认真地说：“唉，一年四季，运转不息，成功的退下，将来的上去。你已经到了应该退下的时候了。”

范雎有点生气道：“我自己不退，看谁能让我退下？”

蔡泽说：“人在年轻体壮、头脑灵活的时候，努力建功立业，利于天下，成为人人仰慕的英雄豪杰，这是人之常情。可是，既然你已经得志，且已年老体衰，就应该安乐长寿，欢度晚年，让自己的业绩流传后世，这不是很聪明的选择吗？否则，就像秦国的商鞅，越国的文种，他们都立过大功，然而功成之后却不肯身退，最终遭到了悲惨结局。难道你愿意做这样的人吗？”

听到这里，范雎心想：他用利害关系，渐渐进逼，自己若是说不愿意，就难免落入到他的圈套里。毕竟，范雎也是一个才智非凡和辩才水平极高的人。于是，范雎便假心假意地回答说：“有什么不愿意的？商鞅为秦孝公制定了新法，使秦国民富兵强，扩地千里；文种使越国转弱为强，并吞了强大的吴国，为越王勾践报了深仇。他们虽然都遭杀害，但功在当时，名传后世，我又为什么不愿意做这样的人呢？”

然而，范雎这时虽然嘴硬，但已经被蔡泽点中了要害，不能安坐了。

蔡泽接着说："作为一个贤良的臣子，谁不想有个圣明的君主呢？光有贤臣，没有明君，国家还是灭亡的例子，从古以来就有。商鞅、文种不幸遇害，难道他们真的是想用死的代价来成就功名吗？所以大丈夫处世，身名俱全的是上等；名传下了，而身已死，是次等；名声败坏，身体还在，这是下等。不知你要做哪种人呢？"

这段话说得范雎胸中爽快，不觉走下堂来，连声称赞道："说得好！说得好！"

蔡泽又追问范雎："你说愿意做商鞅、文种，那么请问：今天的秦王，在信任忠臣、厚待故旧方面，比起秦孝公如何？"

范雎想了一会儿，不敢直说，只好含糊地回答："不知道！"

蔡泽又问："你想想自己的功绩，比起商鞅、文种来又如何？"

范雎答道："不如他们。"

蔡泽说："秦王在亲信功臣方面不会超过秦孝公；而你的功绩也不高于商鞅、文种，但你的俸禄却远远高于他们。他们尚且不能免祸，何况你呢？你今天的富贵已经到达了顶点，却依旧贪恋富贵，不肯急流勇退，恐怕商鞅、文种那样的祸事你是难以避免了！所谓'日中必移，月满必亏'。你何不在此时交出相印，推荐有才智的人担任呢？在名义上，你是让贤，留得名垂青史的美名，实质上是卸去了重担。之后你就能够欢度晚年，免除后患了，这又有什么不好的呢？"

范雎听了蔡泽深入的分析，句句都说到自己心窝里去，心里早已十分拜服，便说："先生自称雄辩有智，听了你的一番剖析之后，果然如此。如今，我还敢不从命？"

第二天入朝，范雎便向秦王奏道："有位客人刚从山东来，名叫蔡泽，这个人是一位奇才，足以掌管国家大事。臣见过的人很多，但没有能及得上他的，臣与他相比，不及其万一。所以特地来向大王推荐。"

在范雎的大力推荐下，秦王便拜蔡泽为丞相，代替了范雎。

人的心理转变都有一个过程，要把一个现成的结论强加给对方很难，但却很容易把推理和思维的程序“推销”给对方，这时，只要点拨一下问题的症结所在，对方就很自然地沿着你指定的思路得出结论。

金凯翔教育集团福田分部王晓静老师是一位对学员尽职尽责，善于抓住学员内心变化的优秀教师。2013 年 3 月，一个阳光灿烂的下午，有一位安姓女士来到福田校区咨询社保业务。安女士去年 12 月刚从深圳某自动化设备厂离职，正好有两个月的社保补交。在交谈中，王老师发现安女士眉头紧锁，说话很小声，总是低头盯着前台上左边的捐款箱。面对这么一个脸上写满悲凉的人，王老师把这一切看在眼里，记在心上。她灵机一动，从捐款箱入手。“安女士好像对捐款箱比较感兴趣是吧?！是这样的，捐款箱是我们老板特别要求设立的，里面的善款是我们校区报名学习职业培训、学历教育的学员交的报名费，我们把这笔费用集中起来，定期捐给当地或者边远山区的孩子们。”

“原来是这样呀，这么有爱心的公司噢。”安女士说道。王老师发现安女士的情绪相对欢悦，眉头乌云渐散……“是的，这也是我们公司想尽自己的微薄之力为做社会点贡献，您想想，那些边远山区的孩子，每天上学要步行很远的路，在学校吃不好，穿不暖，怪可怜的。”一听到孩子、关爱等信息，安女士突然乐了起来。“嗯，其实我也想做点对社会有意义的事，只是不知道从何做起。”“好呀，安女士您真棒！这样吧，改天我介绍你参加义工联或福利院的活动，也让您感受一下乐于助人带来的快乐。”

“好呀，等我把社保的事情处理好了，就跟您去认识富有爱心的朋友们。”原来，安女士最近因与老公感情不和，正在分居，心情一直烦躁。做什么事都觉得没劲，很想让自己快乐起来，却缺乏指引。正好来办理社保业务时，见到捐款箱便心生爱意。而此时王老师正好通过观察安女生的神情，掌握其内心的变化，适时转移话题给以引导，一举解开其心结。

后来，安女士顺理成章地成为义工联的成员，而且是其中最积极的一分子。同时，也给王老师介绍了不少社保和学历的学员。

当我们善于观察、捕捉他人内心动态，对其负责，给予关心时，很多“好事”随之即来。很明显，王老师做到了这一点。

施加压力的最好方式就是让他自行得出结论。如果结论是后果非常严重，而且还不是你强加给对方的，一切都是水到渠成，由不得对方不就范。

屈身引客，以尊重换尊重

生活中，一般人都不喜欢自己做的事情被他人干涉，因为那是对自己能力的否定。如果我们充当了这样的角色，就是非常不礼貌的行为。

而在工作中，不管你的能力有多强或者自己所持的观点有多正确，你都要给同事表现自己的机会。诸如在开会时，你不要总是自己喋喋不休，而要给你的同事发言的机会和权利；你要善于倾听同事的意见和观点，让他充分表达自己的想法，并给予适当的肯定；接受同事与你不同的工作方式，不要对其妄加批评；在团队取得好的成绩接受表扬时，你要把同事的名字排在自己前面。这样是有修养的表现，也是对他人的尊重。

这些虽然都是工作中看似微不足道的小事，但是如果能引起你足够的重视，将会对提高你的合作能力大有助益。王玺就因为自己的无礼之举，换得了别人的排斥：

王玺是一名出色的服装设计师，在与团队成员合作之初，她遇到了一些麻烦。她所在的团队中有专门的色彩专家，所有设计师在设计好一个方案后，都要与色彩专家沟通，为服装选择最能突出其感染力的颜色。

可是，色彩专家和每位设计师合作得都很好，除了王玺以外。每次王玺拿去的设计图样，色彩专家都以“王玺，咱们今天谈不了”为由给挡了回去。几次之后，王玺终于明白是怎么回事了。原来，别的设计师拿给色彩专家的图样都是未着色的，只用铅笔描出轮廓，细节部位的设计也是在和色彩专家协商之后才进行的。而自己的不但已经按照自己的喜好涂了颜色，而且每个细节都已设计完整，这使得色彩专家没有了发表意见、展示自己的空间，所以总是碰钉子。

找到原因后，王玺决定尝试一下。她随手抓起几幅还未完成的图样，找到色彩专家，诚恳地说：“你觉得这几个方案该采用怎样的色彩呢？还有，这几幅图样的细节设计应该怎样完善呢？”色彩专家微笑着站起来说：“我很愿意为您效劳。来，我们把它们输入电脑，然后找出最能打动我们心灵的一个。至于细节，还是等大的着色方案订了之后再考虑它吧。”

其实，我们每个人都喜欢展示自己，不喜欢别人在自己面前自吹自擂。“如果你想树立敌人，只要处处压制他就行了。但是，如果你想拥有朋友，你必须让他显得比你突出。”其实尊重和肯定别人的劳动成果就是对别人的最大尊重。

此外，在与人合作时，当别人的想法与我们不同时，我们就应该努力去了解别人，站在别人的立场分析问题，这样既能减少不必要的摩擦，又能增进友谊，有利于以后的合作。

面对分歧时，如果我们能够设身处地地站在对方的角度思考问题，这不仅是一种智慧，而且更凸显出你人格的高尚。任何合作都是在这种换位思考中实现的，也只有频繁地进行换位思考，团队成员才能团结在一起，实现高质量的合作。所以，我们首先要尊重别人，才能够有合作的基础，才能够换得别人的尊重。

感谢告诉你缺点的人能轻易获得对方的好感

常言道：良药苦口利于病，忠言逆耳利于行。生活在这个令人费解的世界面前，你最好能保持足够的谦逊，虽然这不一定能帮助你获得成功，但至少可以让你避免出现过于明显的错误。能够真诚地指出你的缺点或者错误的人，才是值得你信赖的人，你不仅不能对其心生怨恨，反而应该感谢他。

有的上司在对待与下属的关系问题上往往会走入一个误区：一定不能让下属看到我的缺点和错误，否则我就会威信扫地，难以受到尊重了。基于这一认识，有的上司从不在下属面前承认错误，哪怕是显而易见的错误。这样的结果，反倒会让自己在下属心目中的形象大打折扣。

戴尔在2001年就曾对20名高级经理认错：承认自己过于腼腆，有时显得冷淡、难以接近，承诺将和他们建立更紧密的联系。下属对“极度内向”的戴尔公开反省非常震惊——如果戴尔都可以改变自己，其他人还有什么理由不效仿呢？戴尔以下属为“镜”，照出都是腼腆惹的祸，腼腆是错误吗？戴尔的回答是：“如果下属说是，那就是。”“认错要认下属眼中的错，不是认自己脑中的错。”

上司也是凡人，不可能不犯错。我们不怕犯错，不怕认错，怕的是认错不当而错上加错。当你错了，就要迅速而坦诚地承认。

纽约《太阳时报》主笔丹诺先生在读稿时，常常喜欢把自己认为重要的几段用红笔勾出，以提醒排校人员“切勿将它遗漏”。

但是有一天，一位年轻校对员偶然读到一段文字，也是被人用红笔勾出的，上面大致是说：“本报读者雷维特先生送给我们一个很大的苹果，在那通红美丽的皮上露出一排白色的字，仔细一看，原来是我们主笔的名

字。这真是一个人工栽培的奇迹！试想，一个完整无缺的苹果皮上，怎样会露出这样整齐光泽的字迹来呢？我们在惊奇之余，多方猜测，始终不明白这些奇迹是怎样出现在苹果上的。”

那个年轻的校对员是一个知识丰富的人，他读了这段文字不禁好笑起来。因为他知道这些苹果皮上的字迹，只要趁苹果还呈青色时，用纸剪成字形贴在上面，等苹果发育红时，将纸揭去即可，这根本是个小朋友的恶作剧而已。

所以，这位年轻的校对员心想，这段文字如果登出来，必将被人讥笑，说他们的主笔竟愚笨至此，连这样一点小“魔术”也会“多方猜测，始终不明……”因此，他便大胆地将这段文字删掉了。

第二天一早，主笔丹诺先生看了报纸，立刻气呼呼地走来，向那位校对员问道：“昨天原稿中有一篇我用红笔勾出的关于‘奇异苹果’的文章，为何不见登出？”

那位校对员诚惶诚恐地把他的理由说明后，丹诺先生立刻十分诚挚和蔼地说：“原来如此！是我错了，我向你道歉，你做得十分正确，以后只要有确切可靠的理由，即使我已用红笔勾出，你仍不妨自行取舍。”

谁都会犯错误，上司也不例外，下属不会因为你对错误的遮掩和固执而仰视你，同样也不会因为你的坦然认错而小看你。相反，勇于认错会让下属看到你的坦诚和改正错误的勇气，从而更加信服你。

“智者千虑必有一失。”即使平时再小心，也难免有犯错误的时候。错误并不可怕，关键是你如何对待错误。

比如，有一次一件事情出了差错，老板把你叫去骂了一顿。你应该对他说：“这是我的错。”而不要在他面前说这是别人的错。试想，如果自己推卸责任，说那是下属或同事的过错，老板可能会讲：“难道你做得足够好吗？如果今天都是他们的错，你在干什么？”要是老板这样责问，你就无言以对了。所以，在上司面前，应该一肩挑起，这叫负起责任。错就是错嘛，干吗要把责任推卸给别人呢？大胆地承认错误，然后想办法解决问题，吸取经验教训，这才是最重要的。

有些人，即使知道是自己的错误也不愿承认。他们认为，主动承认错误会丧失自己作为领导的权威，会让他人觉得自己无能，所以为了掩饰自己的无能或想刻意树立自己的权威，而将自己的错误转嫁给下属。但是，大多数情况下，下属都十分清楚这是领导的错误，会在心里轻视作为自己上司的领导。上司最终也会知道是谁的错误，自然会因下属欺骗自己嫁祸于人的做法产生不满。这样，就会大大有损领导在他们心目中的形象。

君子者，要成人之美

生活中，每个人都希望自己的长处被他人称赞，也希望自己的美德能受到他人的成全，这对每个人来说都将是无比喜悦的事。而把别人立下的功劳据为己有；别人种下的善因收获了善果，也要不择手段地夺取过来；把别人的“美”抢过来，当作自己的美，这便是不折不扣的小人所为。这种做人的方式，在现代社会的处世中要杜绝。

李翱曾说过：“古代的君子，对于他人的善，害怕不能知道；既知道了，又耻于不能称赞他；能称赞他，又耻于不能成就他。”

颜之推说过：“凡是有一个字可取于人的人，都要显示他、称赞他，不能偷窃他人之美作为自己的美。”

由此可见，古人心胸有多开阔，人格有多伟大。事实上，现代人所缺的正是古人的这种胸襟。古人的这种成就他人之美，是明哲保身的一大法宝，正好为现代人为人处世树立了榜样。武则天当政时期就有一个很懂得成全别人的人，他就是娄师德。

在唐朝，武则天当政时期，政治斗争复杂，朝野官吏明哲保身者多，敢于负责、提出自己政见者少，能够刚正不阿、不为私谋者更少。其中有两个人在这里不得不提：一个是武则天的宰相娄师德，他以“仁厚宽恕、恭勤不怠”而闻名于世，司马光评价他说：“宽厚清慎，犯而不校。”阁侍郎李昭德骂他是乡巴佬，他笑着说：我不当乡巴佬，谁当乡巴佬呢？这位行动迟缓，满面笑容，自号为种田汉的宰相娄师德，和李昭德肩并肩往朝廷走去，仿佛什么事也没有发生过。另外一个是大名鼎鼎的狄仁杰，他任大理丞期间（最高法院院长），一接手就有17万多件积案等候处理。他用了一年的时间一一做了妥善处理，竟没有一桩案件上诉，说明执法公允，没有冤案。可见狄仁杰多么受到武则天的器重。

狄仁杰在受到了提拔后，和娄师德同时担任宰相。但狄仁杰总是想办法排挤娄师德，两人面和心不和。多年来，狄仁杰一直在想办法排斥娄师德，甚至想把他赶出京城，自己一个人做宰相。

武则天对此亦有所察觉，有一天逮住散朝的机会，武则天突然问狄仁杰：“我信任并提拔你，你知道其中的原因吗?”

“我不是平庸之辈，不与他人苟同，凭文才和品德受朝廷任用，也不是靠别人来成就自己的事业，朝廷自然是因为看重这些才重用我的。”狄仁杰极为自信地回答道。

武则天沉默了一会儿，顿了一顿，然后对狄仁杰说道：“其实，我原来并不了解你的情况，是娄师德的不断推荐，所以你才会有今天，才会得到朝廷的厚遇，首先你得感谢他啊。”随后，武则天命令太监取出一个竹箱，找出十来件关于娄师德推荐狄仁杰的奏本递给了狄仁杰。

狄仁杰仔细地看完奏本，不由得满脸惭愧。多年来，自己一直想尽办法排斥娄师德，甚至想把他赶出京城，没想到他不计前嫌，一再地在皇上面前举荐自己，成全自己的雄心壮志。想到这里，狄仁杰羞愧难当，连忙跪在地上，惶恐地向武则天承认自己有罪。武则天并没有责备他，而是原谅了他。此后，狄仁杰抛弃了对娄师德的成见，二人共同辅佐武则天，将朝政治理得井井有条。他们成了武则天的左膀右臂，深受重用。

所以，惜才才能为天下推举才。如果你推举的人能力不及你，然而推举后你要帮他赶上你甚至是超过你；如若他的各方面都比你强，也没有必要心生嫉妒。因为，他迟早也会为你所用，这是人之本性，凡是有良心的人都懂得投桃报李的道理。如果你是一位领导，就更应该明白和掌握这一做人的道理。

古人的这种大胸襟，对于现代人，并非一朝一夕就可练得的，需要大涵养、大功力。要深深地体会到，你成就了他人之美，反过来他人也会成就你；当你称赞他人时，他人也会称赞你，由此看来，“我为人人、人人为我”就成了一句亘古不变的大哲理。如遇到他人需要你帮忙时，只要是你力所能及的，一定要给予帮助与支持，千万不可被自私自利的小人想法左右，成就他人之美，一副小肚鸡肠是不行的，必须胸怀坦荡，善于推荐他人、赞美他人、成就他人。如果思想意识中只有自己，对身处逆境需要帮助的朋友袖手旁观，让他自成自败、自生自灭，就是一种对自己、对他人不负责任的行为。人世间，做人的最高精神境界就是要把他人的事情当作自己的事来办，把他人的荣耀当作自己的荣耀，做到了这些，君子的头衔非你莫属；反之，你只能是一个平庸的人，如若这种人被自私嫉妒填满了心胸，还可能被烙上小人的印记，一辈子都无法磨灭。

其实小人与君子只有一线之隔，成人之美的豪情乃君子所有。孔子说：“毁人以为善，狡奸以为智，希望他人出过错，耻于学习又羞于无能，这就是小人。”又说：“君子成人之美，不成人之恶，小人则相反。”所以想要获得好的人脉，就必须有胸怀成人之美的大气。这样，才是君子所为。

下篇　保持人脉活性状态
——人际网络需要精心维护

一个人有多大的成就，并不看他有多少新朋友，而看他有多少老朋友，要想拥有良好的人际关系网络，让你生命中所遇到的人成为你生命中的贵人，除了要积极地开拓自我的人际交往渠道外，还要懂得如何去维护，保持人脉的活性。因为，生命不仅仅是一种关系，更是一种互动。

第七章　维护人脉关系的成本

就我们个人而言，心中都要有一个关于人际关系的账簿，要懂得一些有关于人际交往的成本控制，因为美好的人生是经营出来的，而良好的人际关系更需要经营，只有我们懂得人生的成本核算后，才能够真正地让自我的人生、让自我的人脉关系创造出最大的价值。

说话的成本很低，多在说话上要效益

“良言一句三冬暖，恶语伤人六月寒。”喜欢直言直语的人一般都具有正义倾向的性格，言语的爆发杀伤力也很强，所以有时候这种人会被别人当枪使，鼓励你去揭发某事的不公。不管成效如何，这种人总要成为牺牲品，因为成效好，鼓励你的人坐享成果，你分享不到多少；成效不好，你必然成为别人的眼中钉，是排名第一的报复对象。

某甲是一公司中的中级职员，他的心地是公认的“好”，可是一直升不了职，而和他同年龄、同时进公司的同事不是外调独当一面，就是成了他的顶头上司。另外，别人虽然都称赞他“好”，但他的朋友并不多，不但下了班没有应酬，在公司里也常独来独往，好像不太受欢迎的样子。

其实某甲能力并不差，也有相当好的观察、分析能力，问题是他说话太直，总是直言直语，不加修饰，于是直接、间接地影响了他的人际关系。

当然，直言直语是人性中一种很可爱、很值得大家珍惜的特质，也唯有这种直言直语的人，才能让是非得以分明，让人的优缺点得以分辨。只是在现实社会里，直言直语却是人际关系中的致命伤，理由如下：

喜欢直言直语的人说话时只看到现象或问题，或只考虑到自己一吐为快，而不去考虑旁人的立场、观念和能否接受。他的话可能一派胡言，但也有可能深入精髓。一派胡言的直言直语对方明知，却又不好发作，只好闷在心里；深入精髓的直言直语恐怕就怀恨在心了。所以，直言直语不论是对人还是对事，都会让人受不了，于是人际关系出现了障碍，别人宁可离你远远的，免得一不小心就要遭受你直言直语的袭击。不能离你远远的，那就想办法把你赶得远远的。

所以，直言直语是一把伤人伤已的双刃剑，而不是披荆斩棘的开山刀，有这种直言个性的人应切实注意以下两点：

第一，对人方面，少直言指陈他人处事的不当，或纠正他人性格上的弱点，这不是爱之深责之切，而是在和他过不去。而且，你的直言直语也不会产生多少效用，因为每个人都有一个内心堡垒，你的直言直语恰好把他的堡垒攻破，把人家从堡垒里揪出来，他当然不会高兴！因此，能不讲就不要讲，要讲就委婉一点、点到为止，他如果不听，那是他的事。

第二，对事方面，少去批评其中的不当。事是人计划的、人做的，因此批评事也就等于批评了人，所谓对事不对人，这只是说说而已。更多的事实证明，直言直语只会给自己带来麻烦。

在人际交往中，我们常常会发现，有的人能够在交际圈内进退自如，有的人却常常被动，进退维谷。其中的原因可能是多方面的，但无疑与他们不善于在人际交往中留有余地有一定的关系。所谓“留有余地”，就是在人际交往中采取“以退为进”的策略，使自己、对方，甚至双方都能获得更大的回旋空间，从而减少和避免一些不必要的摩擦和伤害。

古人说：“夫唯不争，故天下莫能与之争。”无论办什么事，都要极力

避免无谓的争论，这也是为自己留好退路的表现。比如，在答应别人时，注意使用“模糊语言”，以便为自己赢得主动。有的人在答应别人时，总是言之凿凿，肯定而又具体。这其实也不是坏事，如果自己对答应别人的事确有把握，确信能够如期实现，有何不可？但问题是，由于事情的发展并不总是以自己的主观意愿为转移，有时会出现一些“意外事件”，结果使自己答应对方的事无法实现，给对方以“言而无信”的印象，则影响了人际关系的和谐。

在拒绝别人时，不妨先拖延一下，以便使自己“进退有据”。有的人在面对别人的求助而自己又确实无能为力或因事不正当自己不愿出力时，往往不做解释，一口回绝，显得生硬而不友好，常常让对方产生“不够意思”“不愿帮忙”的想法。因此，在拒绝别人时，最好不要当面拒绝，答应考虑一下，给自己留点回旋的空间。然而，有些人在拒绝对方时，老是感到不好意思，而不敢据实言明，致使对方摸不清自己的真实意思，而产生许多不必要的误会。其实，在人际交往上，不得不拒绝，乃是常有之事，因此搞坏交情的并不多；倒是有些人说话暧昧、模棱两可，反而容易引起对方的误会，甚至导致彼此关系破裂，这种例子，倒是不在少数。

在批评别人时，最好“点到为止”，以维护对方的自尊。最让人沮丧的事情莫过于没完没了地批评人，特别是有的人在批评别人时，不看场合，不考虑对方的心理承受能力，一味地高声大喊，这样做往往事与愿违，伤害了别人的自尊。所以我们在批评别人时，特别是在公共场合，不妨点到为止，力求含蓄地达到批评的目的。

在与人争论或争吵时，绝不能因双方心情激动而口不择言地说些“过头话”“绝情话”，否则，不仅会严重伤害对方的感情，而且往往令双方难以“下台”。

在请人帮忙时，尽量使用“假设句式”，以便为对方留条“后路”。有的人在请人帮忙时，爱使用命令口气，直接让对方按自己的要求去做，结果，有时因为对方无能为力而出现僵局：对方为难，自己生气。为了防止产生“强人所难”的嫌疑，我们在求人帮忙时，不妨求助一下“假设句式”，尽量用委婉、商量的口气，这样就能为对方留条“后路”，即使对方无能为力，也不至于让对方尴尬难堪。

巧说话，缩短心理距离

沟通是联系人际关系的纽带，而语言沟通则是我们最为常见的一种沟通方式。不论是上下级，还是朋友同事，或者是陌生人之间，都离不开语言的交谈。掌握良好的说话技巧，能有效地缩短双方的心理距离，从而迅速地帮我们构建一个良好的人际交往关系网络。

那么，究竟怎么做才能通过与对方说话缩短彼此间的心理距离呢？关键在于跟说话者交谈的时候要寻求与对方的共鸣点，而要做到建立交谈的共鸣点，以下几点是必须要做到的：

1. 倾听对方的心声

倾听对方的“心声”是一个与人建立交谈共鸣点的技巧。试想，如果一个人不能倾听他人讲话，一心只想着自己如何才能说出更独到的言辞，自己该说什么才能给对方留下好印象的问题，那么，这个人如何才能知道自己和对方的共鸣点应该建立在哪个话题或者哪一类话题之上呢？

日本金牌保险推销大师原一平曾有过这样一段推销经历：

他去访问一位出租车司机，那位司机认为原一平绝对没机会向他推销人寿保险。当时，这位司机肯会见原一平，是因为原一平家里有一台放映机，它可以放彩色有声影片，而这是那位司机没有见过的。

但是原一平并没有一见面就给对方放彩色有声电影，而是仔仔细细地

听对方说了半个小时的话，从与出租车司机的谈话中，原一平发现了对方的一个心理：很想为家人带来一些什么，这个出租车司机是一个家庭责任感很强的人。

知道这一点之后，原一平放了一部介绍人寿保险的影片，并在结尾处提了一个结束性的问题："它将为你及你的家人带来些什么？"放完影片，司机静静地坐在原地。三分钟后，他主动问原一平："现在还能参加这种保险吗？"

最后，他签了一份高额的人寿保险契约。

在这个案例中，"为家人带来什么"就是原一平通过倾听和对方建立起来的共鸣点，通过这个共鸣点，原一平很快达到了自己的目的。

2. 用谈话把对方整合到你既定的轨道上

卡耐基说："要让别人乐意照着你希望的想法去做，你就必须让他明白，他对你有多么重要，而他便会觉得这件事对他也有多么重要。这同样是一个建立共鸣点的好办法，只不过这个共鸣点是一种内心的共鸣点，而不是话题的共鸣点。"

威尔逊在邀请麦克阿杜参加他的内阁时，这已经是他能赋予他的最高荣誉了，但威尔逊却以另一种方式邀请麦克阿杜，使他觉得备加受宠。以下是麦克阿杜自己所说的话："威尔逊说他要组一个内阁，假如我愿意接受担任财政部长的话，他将非常高兴。他做事的方式很令人愉快，他制造了一种印象，使我觉得，我接受了这份荣耀的话，就是帮了他的大忙。"

威尔逊遵从了人际关系中一项重要的法则，让别人乐意去做他所建议的事。那么为什么别人乐意去做呢？很简单，威尔逊通过谈话将对方整合到了自己既定的轨道上，他和对方之间建立了一个内心的共鸣点。

3. 让对方了解自己也是很好的办法

石原慎太郎参加参议院竞选时，他的选举参谋发现，一般选民认为他是一位知识分子，对人态度冷漠，因而对他有一种戒备心理。于是他们便把宣传的重心放在他是四个孩子的好爸爸这一点上。选民知道石原有四个孩子，而且又是一位称职的父亲之后，对他产生了强烈的亲切感。消除选民戒备心理的这一战术非常奏效，结果石原以最高票当选。

选民最关心的就是自己的家庭，而竞选者最关心的就是自己的选票，如何将两者合二为一？最好的办法莫过于石原慎太郎所做的那样：让选民了解自己，让选民知道自己也是一个四个孩子的父亲，在这一点上建立共鸣点。

同理，让客户对企业深入了解也是寻求共鸣点的方法之一，只有多方位了解了才能建立信任，继而才会有合作的基础。

金凯翔创业初期，起步相当难，市场、财务、用人、运营等各方面都面临危机。作为创始人，我没有一天凌晨1点之前休息的。为了打开市场，为了规范用人制度和管控财务，我拼命地学习，研读各种企业经营、领导艺术，甚至研究《易经》等书籍。同时虚心向我的贵人陈老师和朱大哥请教问题。我时常因为学习而熬夜，废寝忘食，也带病工作，甚至严重的时候，出现过在300人规模的大讲座上讲到吐血。当时，“小伙伴们都惊呆了”！因为没有见过这么拼命的人！

公司创立以来，有许许多多不同寻常的深刻案例发生。当我们向客户闲谈，讲述到公司发展史的时候，客户会由衷地感到惊讶、令其钦佩，因此，彼此之间的距离也就拉近了。关系拉近之后，彼此就容易建立信任，生意也就来了，甚至由伙伴关系变成亲密的朋友关系。

4. 留心对方的举止言谈，发现相似因素

人与人之间存在的、能够产生情感共鸣的相似因素很多，有的是明显的，有的是隐蔽的。在交谈中，只要留心对方的举止言谈，就不难发现一些相似的因素，来作为交谈的共同话题的突破口。

比如，相似的人生经历。唐代著名诗人白居易，虽然身为江州司马，但是他在与地位低下的琵琶女邂逅相逢后，却也能很愉快地与对方倾心交谈，并为之挥泪，洒湿青衫，这是为什么？就是因为他们俩“同是天涯沦落人”，经历、遭遇上的相似，使他们暂时排除了地位上的差别，有了共同语言。

再比如，相同的兴趣爱好。共同的兴趣与爱好是最能促进交谈双方相互接近的，它在人们的心理上往往诱发出一种特定的吸引力。如与养鱼种花者谈摆弄花草、金鱼之乐，与爱好音乐体育者谈论音乐欣赏、体育比赛，与集邮者谈集邮之道等，这些兴趣爱好就成了他们进一步交谈的桥梁。

有一次，著名相声演员姜昆到湖北十堰市演出，几家新闻单位的记者纷纷前来采访，不料，姜昆一一婉言谢绝，这使记者们十分失望。但是，有一个爱好相声的女记者却再次叩响了姜昆的房门，说：“姜昆先生，我是一个相声迷，我对您的演出有些意见……”姜昆一听是为自己的节目提意见来的，便十分热情地接待了她。这位女记者正是用她和对方对相声的爱好及共有的兴趣做文章，巧妙地打开了姜昆的“话匣子”，顺利完成了采访任务。

此外，还有地域相似、职业相似、年龄相似、处境相似等直接相似因素，以及对方与自己的亲戚、朋友、同学、邻居等有联系的间接相似因素，这些都可以成为沟通情感、找到共同话题的桥梁。

一位记者曾讲述过自己采访的一段经历：

他去某地农村采访，住在一个老大娘家，进门打过招呼，便说："听口音大娘是山东人，好像是鲁中南的吧？"大娘说："是呀，老家是山东阳谷。"他接着说："我当兵时，我们连队山东人可多啦，连长、排长、班长都是山东人，山东老乡对国家的贡献大！"这番话引起了老大娘对往事的回忆，她对记者讲起了过去的事情，记者从她那里获得了不少有用的材料，意外收获颇大。

这就是通过间接相似点——首长、战友和大娘都是山东人，从而与大娘有了共同感兴趣的话题，也果真使大娘产生了感情共鸣的缘故。

5. 通过内心独白

通过表白内心的方式，也可引起双方情感的共鸣。有时候，我们发现无法与戒备心强的人沟通感情，原因之一就在于对方抱着"我俩根本处于不同的世界"的想法所致。可以设想：两个生活经历、生活环境、思想背景或者生活习惯等完全不同的人，初次见面，当然会有格格不入之感。为了突破此种障碍，必须让对方相信，彼此属于同一世界，确实存在着某种共同的嗜好或需要。例如，要想规劝吸毒或酗酒者除掉这一恶疾，最具说服力的，往往是曾经遭受过吸毒之害或尝过酒精中毒之苦的"过来人"。因为互相之间的共同经历，足以迅速化解彼此的警戒心，进而使其愿意敞开胸怀，虚心接受善意劝导。

6. 通过套近乎来建立共鸣点

所谓"套近乎"，其实就是了解对方的一个过程，只不过在了解对方之前，要让对方先了解自己，主动将自己的生活状况尽量地表露出来，促使双方形成共同的心理意识。

总之，在与人打交道的过程中，要清楚地知道，人与人之间的交流方

式是不尽相同的，要想取得良好的交际效果，就要根据交谈对象不同的因素，比如身份的不同、经历的不同、性格的不同等诸多方面，采取不同的交谈方式。如此，才能为自己营建一个坚固的交际网络，才能在成功的路上让这些关系为自己所用。

找个人，牵一根“红线”

人们常说“爱拼才会赢”，也确实有很多人的成功是依靠自己的拼搏和努力换来的，但是还有一部分人虽然拼了，而且是拼尽了自己的全力，最后却依旧没能获得成功，这是为什么？有一个很重要的原因，那就是他缺少替自己与成功“牵红线”的人。在我们攀向成功的过程中，这个牵线人对我们的帮助是最为重要的一环，有了他的帮助，不仅能为你加分，还能替你加大成功的筹码。

“牵线人”可以改变你一生的命运，这句话一点也不夸张。也许你的人际关系网络并不强大，你个人的交际能力也很一般，但是只要你找对了自己跟成功之间的“牵线人”，你的一生很可能就会因此而改观。

李莲英是慈禧太后身边的红人，他的地位基本上可以称得上是一人之下，万人之上。李莲英在进宫当太监之前，只是一个靠给人缝皮鞋度日的穷困之人，他之所以能拥有至高的地位，就在于他善于替自己找“牵红线”的人。

李莲英入宫后的第一份工作是在梳头房当职，但他并不甘心自己一辈子就这么平庸下去，他一直在寻找暴发的机会。他深深知道，只靠这样一天天地熬下去，是无论如何也熬不出头的。所谓皇天不负有心人，机会终于来了。

一次，慈禧太后想改变一种新发型，弄来弄去不满意。连着好几天，梳头的太监挨骂挨罚，无计可施，回到房里成天垂头丧气。李莲英一听，计上心来，立即跑出宫去，钻进妓院。妓院原是他过去经常光顾的地方，此次前来，绝非为了领略妓院风光，他知道，妓女是最会打扮、最赶时髦的女人，他在妓院里刻苦学习了三天，掌握了几种最新最漂亮的发型。

回宫之后，他恳求专门替慈禧洗头的大太监向慈禧推荐自己。开始，梳头太监怕再挨罚，不敢推荐，经李莲英再三恳求，并亲自示范表演，梳头太监这才向慈禧报告，再加上李莲英的老乡沈玉兰也向慈禧吹风，说李莲英心灵手巧，慈禧才同意让他试一试。

李莲英知道，此后半生全在这次梳头上了，这一宝如果押得好，就可飞黄腾达；如果押得不好，那就鸡飞蛋打。他使出浑身解数，把从妓院学来的本领尽数使在慈禧头上，给她梳了一个当时最流行的发式。梳完以后，慈禧对着镜子左照照，右照照，十分满意，心情也就好了起来，一高兴，就让李莲英当了梳头太监。

李莲英的计谋成功了，脱离了梳头房小太监的身份，成了慈禧的梳头太监，慢慢开始了自己飞黄腾达的路程。

抛开李莲英过往的行径，他的确算得上是一个聪明之人，但是如果没有他的同乡沈玉兰替他牵线搭桥，他的聪明也没有用武之地，也就没有他后来的飞黄腾达。

在现代的人际交往中，李莲英所运用的交际技巧依然适用。利用第三者作为自己与人结交的桥梁，这已经成为现在大多数人扩大自己的交际圈常用的一种技巧。在找人替自己“牵线搭桥”的时候，需要注意以下几方面的问题：

1. 替自己“牵线搭桥”的人一定要是一个跟自己熟悉的人

由于是借助第三者与自己希望结交的人交往，这就使得在交往的过程中关系变得相对复杂。如此一来，在交往的过程中所面临的风险也就相对

加大，要降低这种交际风险，最简单的解决办法就是让彼此的交往变得简单化。怎样才能做到在“杂”中求“简”呢？找一个了解、熟悉自己情况的人作为中间人，能够增加自己在交往对象心中的诚信度。

2. 替自己“牵线搭桥”的人尽量与自己有相同的兴趣爱好

人们常说“物以类聚，人以群分”。拥有相同兴趣爱好的人相处起来会更加融洽，同时因为彼此所关心的事相同，因此在资源共享方面会更加占有优势，当然这种优势也包括人际资源。

3. 替自己“牵线搭桥”的人一定要选自己真正敬重的人

在寻找替自己“牵线搭桥”的人时，一定要选自己敬重的人，而不是自己嫉妒的人。绝不能因为别人的权势而琵琶犹抱，另搭顺风车。否则，不仅不能实现通过他帮助自己结识他人的目的，反而会让自己陷入人际交往的旋涡。

总之，在人际场上，如果遇到了交际障碍，不妨放弃与对方正面交往，转而采取迂回战术，找一个人，让他替自己与对方牵根“红线”，这样反而能取得更好的效果。

分享是获得无形力量的最佳手段

分享是一种最好的建立人脉网的方式，你分享得越多，得到的就越多。世界上有两种东西是越分享越多的：一是智慧、知识，二是人脉、关系。正如萧伯纳所说：我有一个苹果，你有一个苹果，交换一下每人还是一个苹果；我有一个思想，你有一个思想，交换一下每人至少有两种以上的思想。同理，你有一个关系，我有一个关系，如果各自独享则每人仍是一个关系，如果拿来分享，交流之后则每人拥有两个关系。

让人脉网无限扩大的最有效方法就是让资源及时地流通，而与别人分享并交换自己的人脉网络资源自然就成为流通中必不可少的因素。你把你的给我，我把我的给你，在这样互相提拔、互得其利的过程中，就能够让你的人脉网络迅速连上别人的网络。因此可以这样说，学会分享、懂得分享绝对是令人脉网拓展的最佳手段。

在美国就有这样一对母子，借助分享的力量达到了成功的彼岸。这对母子，母亲是保险推销员，儿子是汽车推销员。

有一次，儿子向一位文化界的名人成功地推销了一辆汽车。而在一个星期之后，这位名人突然接到了一个陌生的来电：“××先生您好，我是××的母亲，感谢您一个星期前从我的儿子那里购买了一辆汽车，今天冒昧地打搅您，是想通知您明天能够抽时间开车到车行来进行检查。”名人一般都很忙碌，所以这位母亲想借这位名人回车行的机会请他吃饭，因为如果直接发出邀请，恐怕多半会遭到拒绝。

第二天，这位名人如约而至，检查完车况后已近中午，于是这位母亲对他说：“××先生，为了感谢您对我儿子的支持，我想请您吃顿便饭，同时也希望能够跟您聊一聊如何才能更好地维护您的爱车。我想您不会拒绝一个做母亲的请求吧？”这位名人见盛情难却，便接受了她的邀请。

这位母亲诚恳地向名人讲述完保养汽车的一些细节后说：“我相信如同您这般成功的人士，一定都非常注意生活的品质，所以我认为您一定需要一份完善的健康保障计划。您帮助了我的儿子，您也一定愿意帮助我，我身上正好有一份为您专门量身定做的保险计划书，请您花点时间看一下。”名人难以拒绝母亲的盛情，不得不接过保单。

几天内，这位母亲不断地给名人打电话，终于签下了这张保单。而她的儿子也以同样的方式向母亲的保险客户推销了许多辆汽车。

有个年轻人刚搬到某处公寓二楼，他在阳台上种了一大排迎春花，如藤蔓的细枝叶逐渐生长，慢慢地垂悬于一、二楼之间。

夏天来临时，迎春花形成了一片美丽的绿色布幔。

年轻人几度想将迎春花枝叶拉起用木架固定，如此可以帮他挡住西晒的太阳，略略降低屋内闷热的暑气，却总认为如此做未免太小气而作罢。

春天来临时，悬垂的绿色布幔开满了黄色的小花，吸引了许多不知从何而来的美丽蝴蝶，翩翩飞舞的蝴蝶与争妍的小黄花为单调而略显寂寞的公寓带来了活泼生气。

年轻人站在阳台，眼光追逐着一只美丽的彩蝶，忽然惊奇地发现到有几株葡萄藤即将攀上他的阳台。往下看，一个女孩正对着他微笑。

楼下人家为了感谢年轻人种植的迎春花妆点出的美丽和挡住夏天的太阳，所以种植了葡萄以作回馈。

如此一来，两家因此而熟悉了起来，就在迎春花又开满黄色小花时，年轻人与楼下美丽的女孩也收获了爱情的甜蜜果实，彼此携手走过红地毯。

分享，不是失去；懂得分享的人生，可以让我们收获到更多。当你愿意与他人分享的时候，你的朋友也许就会在另外一个领域中带你结识到更多的人，你的人脉力量也自然就会在不经意间强大了。

不过，在分享和交换彼此的网络时需要遵循两个基本原则：

第一，分享人脉网络的人必须和你拥有彼此对等的人脉交流关系；

第二，你必须信任与你分享网络的对象，因为他们在与你实行人脉网络互动的同时，也能够间接地反映出你的为人，所以并不是所有的人都能够与之分享。

你在与人分享的过程中，要注意自己网络有谁有兴趣去认识其他更多的人。不过有一点必须要提醒你：无论你与谁进行分享，都绝对不能让他们拥有你完整的人脉网络清单。因为如果你随随便便就把自己的全部人脉网络名单分享给对方，那么你很可能就会被无情地踢开，最后得不偿失。

平时多走动，急事有人情

烧香有冷庙和热庙之分，交友更是如此。朋友之间，感情投资最忌讳急功近利。因为这样就变成了一种买卖，说得不好听点，就是一种具备强烈功利心的交易。如果对方是一个有骨气的人，就会感到不高兴，即使勉强接受，心里却不以为然。日后就算回报于你，肯定也是半斤八两，敷衍应付，不会动真心。

因为人与人之间的感情是经过日积月累形成的，朋友最不愿接受的情况是当你用得着他的时候抱着礼品甜言又蜜语，用不着时一脚踢开、形同陌路。所以送礼要送在平时，感情投资要日积月累，循序渐进。临时抱佛脚是傻瓜，换不到朋友的真心。

现代人生活忙忙碌碌，没有时间进行过多的应酬，日子一长，许多原本牢靠的关系就会变得松懈，朋友之间逐渐变得淡漠，这是很可惜的。希望大家珍惜人与人之间宝贵的缘分，即使再忙，也别忘了沟通感情。

有位刚去美国的朋友来信说：

“我们在那儿没有什么社交生活，我们难得去看看朋友，这当然是因为我们初到异境，认识的朋友不多，但后来我听说，其他的人也一样……”

“我们每星期工作五天，星期六和星期天都去郊外，这是一种家庭式的生活。就是说，要去郊外，就跟自己的家人去。”

“我们不能利用假期去探望朋友，因为一到假期，谁都不在家，除非朋友患病在床……”

“平时我们也不可能利用下班后的时间去看朋友，因为交通太挤。”

“但我们常常和朋友通电话，这是我们唯一可以应酬朋友的方法，我

们无事也打电话，哪怕是寒暄几句，或者讲些无关紧要的事。”

“但有事情时，我们会立刻聚在一起，比方上星期我儿子肚子痛，我急忙起来打电话给友人江医生想办法，他马上驾车从70千米外赶到，初步诊断，认定他患了盲肠炎，就用他的车子送孩子进医院做了手术……”

有事之时找朋友，人皆有之；无事之时找朋友，你可曾有过？

不知你有没有这样的经历：当你遇到了困难，认为某人可以帮你解决，你本想马上找他，但后来想一想，过去有许多时候本来应该去看他的，结果都没有去，现在有求于人就去找他，会不会太唐突了？甚至因为太唐突而遭到他的拒绝？

在这种情形之下，你不免有些后悔“闲时不烧香”了。与朋友建立“关系”最基本的原则就是：不要与朋友失去联络。不要等到需要获得别人帮助时才想到别人。“关系”就像一把刀，常常磨才不会生锈。有时候，半年以上不与某个朋友联系，就有可能失去这位朋友。

因此，主动与朋友联系十分重要。试着每天打5～10个电话，不但能扩大自己的交际范围，还能维系旧情谊。如果一天打通10个电话，一星期就有50个，一个月下来，便可达到200个。这样一来，你的人际网络每个月大概都可多十几个“有力人士”为你打通关节。

法国有一本名为《小政治家必备》的书，书中教导那些有心在仕途上有所作为的人，必须起码收集20个将来最有可能做总理的人的资料，并把它背得烂熟，然后有规律地去拜访这些人，和他们保持较好的朋友关系，这样，当这些人之中的任何一个人当选总理，自然会为你的仕途铺开一条坦途。

很多人经常忽视“感情投资”，一旦交上某个朋友，就不再去培育和发展双方之间的感情，长此以往，两个人的关系自然就淡薄了，最后甚至变成了陌路人。

可见，“感情投资”应该是经常性的，不可似有似无，要做到常联系、常沟通，到时才能用得着、靠得上。

朋友之间互相联系的方法有很多，如“礼尚往来”“交流”等，其中最普遍、最有人情味的一种就是有空去坐坐。

人们在礼仪性的道别时，总不忘加一句“有空来玩”，不论这是不是一句发自肺腑的言语，听后都让人备感温情四溢，自己似乎可以从中体会到我是被人们接受的，是受人欢迎的人。

在朋友之间，也需要这样的方式来建立良好的人际圈。

事实上，我们所做的并不多，只是有时间有心地去朋友家走一走，也许只是随意地寒暄几句，也许是进行一次长谈，总之，我们在努力加深对方对自己的印象，让彼此之间越来越熟悉，关系越来越融洽。中国有许多礼节，碰上婚丧嫁娶等大事，亲戚朋友都要参加，有许多场合还得送礼，这是几千年来的传统，且是很有必要的，因为这是亲朋好友经常保持联系的一种方式。如果你常年关闭门户，既不“出去”，也不欢迎别人“进来”，那就孤立了自己。

遇到朋友的人生大事，如果有空最好尽量参加；如果实在脱不开身，也要写信或托人带点什么，以表达自己的心意。

对方有困难的时候，更应加强联系。如果朋友发生了什么事，比如，生病或遇上不幸的事，应马上想办法去探望。平日尽管因工作忙没有很多时间来往，但朋友遇到困难时要鼎力相助或打声招呼，才显出你们之间的深厚情谊。“患难朋友才是朋友”，关键时刻拉人一把，别人会铭记在心。

很多人也许会这样想，求人是一种“短平快”的交易，何必花那么多的冤枉心思去搞“马拉松”式的感情投资呢？这是一种十足的目光短浅之见。俗话说得好：“晴天留人情，雨天好借伞。”真正善于求人的人都有长远的战略眼光，早做准备，未雨绸缪，这样在急时就会得到意想不到的帮助。

与你的敌人握握手，做朋友

人与人之间的交往，不可能一帆风顺，难免会有些磕碰、吵闹甚至是激烈对抗的时候。那么，当你面对这些令自己感到不愉快甚至极为记恨的人时，你会选择如何对待他们呢？或许，痛快地发泄一番的确能让你激动的心情暂时得以平复，但这样做的后果却是获罪于人，无意间为自己树立了一个敌人。因此，与其用愤怒的方式“以暴制暴”，倒不如与你的敌人握握手，做朋友。

大多数人在面对自己的“敌人”时，都会有灭之而后快的冲动。即使在环境不允许或是没有能力消灭对方的情况下，至少也会保持一种仇视的态度，说一些让对方不舒服的嘲讽话，或是背地里暗暗地耍一些破坏性的小手段。其实冷静下来的时候，你是否曾经问过自己这样的问题：在攻击敌人的时候，我得到了什么？

俗话说得好：多个朋友多条路，多个敌人多道墙。能当众拥抱“敌人”的人，他的成就往往比不能爱“敌人”的人更大。若是能够将敌人储存进自己的人脉存折中，那么你自然就能感受到他们会带给你多么丰厚的“利息”。在一个美国人的身上，就发生过这样一件事情，足以证明与敌人握手做朋友是件多么让人庆幸的事。

丹尼尔是一名出色的自由撰稿人，他的作品在美国颇具影响力，因此，多家出版社都与他有着长期的合作关系，他自然不必像绝大多数人一样每天为了生计而奔波忙碌着。但是当第二次世界大战爆发后，整个国家都处于慌乱紧张的氛围中，再不会有人还能在闲暇的时候边喝咖啡边欣赏丹尼尔的作品。这意味着他必须要找到一份新工作来维持自己的开销。

丹尼尔没有什么特别擅长的技术能力，唯一的优势便是他能说并能写好几国语言，所以他希望能够在一家主营进出口贸易的公司里，谋得一份秘书的职务。他发出了很多求职信，但不是石沉大海，便是得到类似于这样的回复：因为正在打仗，公司不需要用这一类的人，不过他们可以把丹尼尔的名字存在档案里。

丹尼尔翻看着这一封封的回信，感觉自己快要被逼疯了，难道没有一家公司愿意雇用我吗？他随手又打开了一封，这封信的内容简直令他暴跳如雷。信上说："你在文学创作上的确有着很深的影响力，我也曾经拜读过你的大作。但是，你现在希望到我的公司里来担任秘书的想法实在是愚蠢至极，我根本不需要任何替我写信的秘书。还有，即使我需要，也不会雇用你，因为你的日语和法语简历中全是文法上的错误，这可真让人扫兴！"

丹尼尔拿起笔，想要写封回信痛斥这个无理的人。他一口气写下了所有的愤怒之情，但接着他停下来对自己说："我怎么知道这个人说得是不是正确的？我的日语和法语的确有一些基础，但这不代表我就不可能会犯错误，如果真是这样的话，那么我一定要努力去学习和改正才对。这个人也许帮了我一个大忙，虽然他本意或许只是想要奚落我。我为什么不用感激的语气来接受他对我的讽刺呢？针锋相对并不能使我获得一份工作，为什么要给自己树立一个敌人呢？"

于是丹尼尔撕掉了他刚刚已经写好的信，拿起笔重新写了一封："您说并不需要一个替您写信的秘书，因此，我十分感谢您能不嫌麻烦地为我寄来了回信，对于占用了您宝贵的时间我深感抱歉。对于我的简历中文法上的错误，我十分惭愧，也很难过。我现在打算更努力地去学习日语和法语，以改正我的错误，谢谢您帮助我走上改进之路。"

没过几天，丹尼尔又收到了那个人的回信，信上客气地请丹尼尔来他的公司坐坐。丹尼尔去了，并且得到一份工作，不用再为自己的生计担

心了。

若是丹尼尔寄出他在气愤的时候写的第一封信，那么他一定不可能获得上班的机会。因此，只有懂得去与敌人握手拥抱的人才是真正的人脉高手，难道不是吗?

当你在愤慨地面对敌人的时候，不妨这样劝自己：他们是自私的、想占我便宜的人，我不去理会他们，更不会想去报复。我知道，一旦我有了报复的想法，那么我伤害到自己的，要比伤到敌人的更多，所以，我更加愿意伸出手来接纳我的敌人，让他们成为我的朋友。

与你的敌人握握手，做朋友，看似简单，但是真正做起来就绝非易事了。因此，只有那些能够当众去拥抱自己“敌人”的人，才能拥有较大的成就。在这里，你需要特别留意以下几种人。

1. 与你争吵的人

当你与他人产生争论，甚至发怒的时候，你们就会陷入一种形同吵架的状态。随便对人发脾气显然是不对的，此时你一定要抱着“退一步海阔天空”的心态去面对任何突发情况，那么自然便能够“守得云开见月明”了。

有一些争论的对象可能是某些重要人物，在对待某件事情上的观点，你们或许存在不一样的见解，这时不妨抱着敢于怀疑一切、敢于挑战一切的心理大胆地说出自己的想法，也许能让对方对你产生好感。因为通常在这种情况下，你和对方虽然处于争吵的状态，但这是基于共同拥有某项沟通基础而来的，所以，不要害怕争吵，只不过要尽量将它控制在自己的掌握之中，将敌人转化为朋友。

2. 难缠的人

难缠的人会对任何事情都看不顺眼，甚至可能因为某天你没有同他打招呼就认为你不拿他当回事，这样的人大有人在。虽然你们开始的时候不是敌人，你也在小心翼翼地维系着你们之间不冷不热的关系，但是只要你稍微有一点小事没有做好，就会成为让他抓住的一条“小辫子”，从而将你列入他的敌人之列。

对待这样的“敌人”，不妨大胆地与其进行沟通，把心中的想法全部说出来，别怕因此而得罪了他，“袒露心扉”的方法绝对要比“小心谨慎”见效得多。

3. “笑面人”

“笑面人”都有一个共同的特点，那就是看起来与任何人都是朋友，对谁都没有意见。你要提防这样的人暗地里往你的肋骨上“插一刀”，他们可是比较危险的人物，因为这样的人多数都会用“软刀子杀人”的手段来进行打击报复。

虽然这样的人看起来与谁都是朋友，但是在他们心中，真正值得自己信赖的人却寥寥无几，那么你一定要尽力走进他的内心世界，成为他的朋友，这也会给你的人脉存折带来颇为可观的回报。

让你的敌人成为你的朋友，让别扭的人不再别扭，如果你能做到这些，那么这世界上已经没有什么是你不可逾越的障碍了。

送礼的大学问

古语说“礼尚往来”“来而不往非礼也”。中国是一个崇尚礼节的国度，早在春秋时期，送礼的风尚就已形成，并演绎成为一种文化。甚至在当代社会，送礼已经成了一种潮流。既然送礼是一种潮流，你就不要逆着潮流走，否则只能使自己的生意受损。这如同电影散场，顺着走都可能被挤得东倒西歪，何况逆行？那还不被撞倒、踩扁？但大家千万不要误解我的意思，我让大家顺的是“礼”流而不是“贿”流。“礼”是一种沟通感情的仪式和方法，通过“礼”所取得的是正当利益；而“贿”则是一种获

取利益的权谋和手段，通过“贿”所取得的是不正当利益。我们千万不要把二者给混淆了。

送礼是人类情感体验的一种简洁生动的方式，送礼者往往想通过礼品向接受者表达某种特殊的感情。以物表情，礼载于物，得体的送礼，恰似无声的使者，给交际活动锦上添花。商人的交际活动，虽然多带有功利性和目的性，但是你千万不要做“现用现交”的人。愚蠢的商人平时不来往，来往必有事。为了办事而去送礼，目的性非常强，这样的商人很容易让对方嗅到一股铜臭味儿，而且，这样做很容易让人感到有“受贿”之嫌，浑身不自在。聪明的商人平时送礼，只是为了沟通感情。见面没有事，有事不见面。送礼时不办事，办事时绝不送礼。

清末红顶商人胡雪岩之所以能够在一无所有的情况下，迅速崛起于商界，与他的懂礼节、善交际密不可分。当他还是一个钱庄跑街的，在碰见没有盘缠上京赶考的王有龄时，毅然拿出身上刚讨回来的账款，自己作担保人将钱借给了王有龄。后来王有龄高中回杭州做了知县。在他的帮助下，胡雪岩的生意很快有了起色，赚到了人生的第一桶金。

有“礼”走遍天下，无“礼”寸步难行。谁都希望自己在送礼上技高一筹，谁都希望自己挑选或精心制作的礼物能够被人欣然接受。送礼是一门大学问，这里只能讲讲大概的原则，你要根据对象和环境的不同，采用不同的套路，关键还是要“自学成才”。切记，千万不要流入“贿”道，不要记黑账。

1. 讲究双方经济实力

送礼，不能按照自己的“实力”，应该考虑对方，这叫“看菜吃饭”。比如，你是有钱人，属牛的朋友过生日，你送个金牛，倘若对方是你的草鞋亲、布衣交，即便你属小鼠，别人也还不起这份“金”礼。好比你随便请他吃比萨饼，他的能力只能回敬大饼，但为了尊严，逼着他超负荷透支回敬，难免整穷一家人。

2. 讲究具体情况和场合

礼轻情义重，赠送礼品应考虑具体情况和场合。一般在赴私人家宴时，应为女主人带些小礼品，如花束、水果、土特产等。有小孩的，可送玩具、糖果。应邀参加婚礼，除艺术装饰品外，还可赠送花束及实用物品。新年、圣诞节时，一般可送日历、酒、茶、糖果、烟等。

3. 把握送礼的时机与方式

一般来说，礼物应当面赠送。但有时参加婚礼，也可事先送去。祝贺节日、赠送年礼，可派人送上门或邮寄。这时应随礼品附上送礼人的名片，也可手写贺词，装在大小相当的信封中，信封上注明收礼人的姓名，贴在礼品包装皮的上方。

通常情况下，当众只给一群人中的某一个人赠礼是不合适的。因为受礼人会有受贿和受愚弄之感，而且会使没有受礼的人有受冷落和受轻视之感。给关系密切的人送礼也不宜在公开场合进行，以避免给公众留下你们关系密切完全是靠物质的东西支撑的感觉。只有某些礼轻情义重的特殊礼物，表达特殊情感的礼物，才适宜在大庭广众赠送。因为这时公众已变成你们真挚友情的见证人。

4. 态度友善，言词勿失

送礼时要注意态度、动作和语言表达。平和友善、落落大方的动作并伴有礼节性的语言表达，才是受礼方乐于接受的。那种做贼似的悄悄地将礼品置于桌下或房间某个角落的做法，不仅达不到馈赠的目的，甚至会适得其反。在我国一般习惯上，送礼时自己总会过分谦虚地说：“薄礼！薄礼!”“只是一点小意思”或“很对不起……”这种做法最好避免。当然，如果在赠送时用一种近乎骄傲的口吻说“这是很贵重的东西”也不合适。在对所赠送的礼品进行介绍时，应该强调的是自己对对方所怀的好感与情义，而不是强调礼物的实际价值，否则，就落入了重礼而轻义的地步，甚至会使对方有一种接受贿赂的感觉。

5. 顾及习俗礼仪

因人因事因地施礼，是社交礼仪的规范之一，对于礼品的选择，也应符合这一规范要求，要针对不同的收礼对象区别对待。一般来说，对家贫者，以实惠为佳；对富裕者，以精巧为佳；对恋人、爱人、情人，以纪念性为佳；对朋友，以趣味性为佳；对老人，以实用性为佳；对孩子，以启智新颖为佳；对外宾，以特色为佳。所以，送礼前，应了解收礼人的民族习惯，免得送出麻烦来。例如，有个人去医院看望病人，带去一袋苹果以示慰问，哪知引出了麻烦。原来那位病人是上海人，上海话里“苹果”跟“病故”二字发音相同。送去苹果，岂不是咒人病故？由于送礼人不了解情况，弄得不欢而散。

有鉴于此，送礼时，一定要考虑周全，以免节外生枝。例如，别人过大寿时，不要送钟，因为“钟”与“终”谐音，让人觉得不吉利；对文化素养高的知识分子，你送去一幅蹩脚的书画，就很没趣；给伊斯兰教徒，送去有猪的形象作装饰图案的礼品，可能会让人轰出来；给意大利人送菊花，给日本人送荷花，给法国人送核桃，都会引起外宾的反感。

给日本人送礼，不要一次送 4 样或 9 样东西。因为“4”字在日文中与“死”谐音，而“9”则与“苦”字谐音。日本人喜欢中国的丝绸和名酒及中药，对一些名牌货也很喜欢，但对带狐狸和獾的图案的东西则比较反感，因为狐狸是贪婪的象征，獾则代表狡诈。在日本，到普通百姓家做客，送菊花只能有 15 片花瓣，皇家徽章才有 16 瓣的菊花。给英国人送礼时，如果礼品价格很高，就会被误认为是一种贿赂。送一些高级巧克力、一两瓶名酒或鲜花，都能得到受礼者的喜欢。但要注意，最好不要送印有公司标记的礼品。公司若送礼，最好以老板和私人名义。

6. 符合感情需要

礼物是感情的载体，任何礼物都表示送礼人的特有心意，或酬谢，或祝贺，或孝敬，或怜爱，或爱情等。所以，你选择的礼品必须与你的心意相符，并使受礼者觉得你的礼物非同寻常，备感珍贵。实际上，最好的礼品是那些根据对方兴趣爱好选择的、富有意义或耐人寻味的小礼品。比如，我们为住院的朋友送去一束鲜花，定能使其心情愉快，增强其战胜疾病的信心；为远方的同窗寄一册母校的照片，定能唤起他对学生时代的美好回忆；给爱好文学的朋友送上一套名著，必然使其欣喜若狂，爱不释手；为心上人送去两条漂亮的纱巾，她定会含情脉脉地依偎在你的怀中……

就礼物的质量而言，它的价值不是以金钱的多少来衡量的，而是以礼物本身的意义来体现的。因此，选择礼物时要考虑到它的思想性、艺术性、趣味性、纪念性等多方因素，力求别出心裁，不落俗套。

送礼是表达心意的一种形式，礼物是对友情的一种表示。礼，要送在平时，可谓“晴天留人情，雨天好借伞”。运用“送”的方法求人，切不可急功近利，完全可以把“送”作为求人办事的人情铺垫。送礼给那些对你来说有直接利害关系的人，怎么个送法，或什么时候去送，这里面大有学问。

在别人给你帮过忙之后，再将礼物送去，对方一定会认为你这样做是理所当然的。如果你从未拜托人家帮忙，并将礼物煞有介事地送去，受礼者的想法就会大不一样。他肯定会记着你，一旦有事相求定会竭尽全力帮你。

第八章 让人脉富有活性

流水不腐，户枢不蠹，万物只有动起来才有生命力。朋友靠串动，亲戚靠走动，关系靠活动，感情靠互动，假如人与人之间没有关注、没有互动、没有走动，就是再亲密的关系也会疏远。没有走动的人脉是无效人脉，找到自己的人脉圈，并带动人脉圈，保持人脉圈长久活力。

找到对你有利的圈子

在我们身边，有各种各样的圈子。那么是不是这些圈子都对自己有用呢？很难说。要想有效扩展自己的人脉圈，就必须找到对自己有利的圈子，然后加入。而那些没用的，或者用处不大的圈子，只要保持一般的交往就可以了。这样既能达到扩展人脉的目的，又不至于浪费太多的交往时间。

那么，我们该如何才能找到对自己有利的圈子呢？不妨从以下几个方面入手：

1. 同学会

很多时候，同学网络就是我们最好的人脉网络。学校生活是每个人一生中最美好的一段时光，每一阶段的学校生活都会让我们回味无穷。长大以后，各个时期的同学分布在各行各业，各自在自己的领域内拼搏，纷纷打下了自己的一片天地。那么就等于我们的人脉已经随着这些同学进入各行各业了，只要我们愿意并且敢于去交往，就能找到对自己有利的圈子。

在我国法律界有名的“西政现象”就恰如其分地说明了同学这种人脉

资源的作用。西南政法大学的毕业生遍布中国的司法实务界和学术界，几所重点大学法学院的名录，有西政血统的教授不在少数，现在的西政学生就经常不经意地在闲聊时说上一句："最高法院中一半人是西政出来的。"

对于同一个学校出来的校友而言，相互之间提携的作用的确不可小觑。如果我们是一位法律界的人士，又恰好是西政毕业的话，那不就如鱼得水嘛。

所以说，同学资源是我们人脉资源中最重要的一项，也是我们寻找有利圈子时不可忽视的一股力量。从同学的圈子入手，几年之后，我们就会发现自己的人脉圈子已经能够帮助自己走向成功了。

自 2011 年 1 月 9 日，我们金凯翔教育集团成立将近三年，培养学员累计十多万人次，地域包括广东、广西、山东、北京、湖北、新疆、湖南、四川、河南、河北等全国各地，学员就业遍布各行各业。公司创立初期就已经意识到，以建 QQ 群的方式集合所有学员进行统一管理十分有效。这样，不仅便于大家交流分享工作、生活上遇到的问题，而且可以促进学员及其单位互相帮助，共享资源。

这是一种建立高质量人脉关系网最有效的方式，因为有类似的学习经历，有对金凯翔教育一致的认可，如此一来，大家遇到什么困惑，鼠标一点，群里便有好心人出来答疑解惑，每个人都可以从中受益，比如，招聘与求职找到对接，谈生意的甚至促成大生意。也有学员在群里找到了对自己有利的人脉圈子，甚至找到了知己、遇上了人生的贵人。金凯翔就像一个充满爱的家园一样，为大家提供了一个友好温馨的平台，大家帮大家，传递正能量，促进每个人的进步，携手奔向成功的彼岸。

2. 办公室

这是指我们在从事职业工作时所建立的各种人脉资源，通过工作关系成为朋友是很常见的事情，生产商和原料供应商、生产商和销售商、客户和银行、病人和医生等，都属于业务关系方面的朋友。通过这些关系，我

们同样能找到对自己有利的圈子。

例如，我们与公司的一个大客户关系很好，那么在与这个客户发生业务关系时，公司可能就会把我们派上去，这种关系上的朋友，往往是我们帮我，我帮我们，在各自业务领域中都得到发展与成长。

充分利用工作中积累的人脉资源充实自己的人脉网络，已经成为许多人创业成功的捷径和法宝。如昆明的“云南汽车配件之王”何新源，在创办新晟源汽配公司之前，就在省供销社从事相同工作，积累了丰富的人脉资源；有名的宝供物流，其创始人刘武原来也是汕头供销社的一名“社员”，被单位派到广州火车站从事货物转运工作，后来承包转运站，再后来利用工作中建立的各种关系，创立了宝供物流，通过为宝洁公司做物流配送商，一举成为国内物流业之翘楚。

对于身处职场中的很多人而言，并不是缺少有利的圈子，而是有些人不懂得利用这些圈子。

3. 老乡会

人们对于老乡的情感似乎是发自肺腑的，老乡的关系具有人文情感和地域情感的双重特点，一个村子的人，到了镇里就成了同乡，一个县里的人到了省里，也成了同乡，一个省的人到了首都也成了同乡，一个国家的人到了外国也就成了同乡。老乡拥有共同的人文地理背景，使他们之间有一种天生的亲近感。

老乡人脉资源从古到今都起着至关重要的作用。试想，建立好这样的同乡人脉，办事还能不顺利吗？

比如，曾国藩用兵只喜欢用湖南人，成立所谓湘军；李鸿章训练的部队就叫做淮军，更不用说清朝的八旗兵了；张作霖号称东北王，用的都是东北人，而阎锡山不但在用人上，就是在山西修的铁路，都比中国其他地方的铁路窄一点，带有强烈的地域色彩；中国历史上最成功的两大商帮——徽商和晋商，不管走到哪里，都是老乡互相帮扶，互相介绍生意，正是这样才成就了徽商和晋商历史上的辉煌。

当然，对于现在的我们来说，一个人要外出创业，老乡众多仍然是最有利的条件之一。如果我们能利用好“老乡”的人脉资源，同样可以快速找到对自己有利的人脉圈子。

4. 兴趣爱好

很多人不解，为什么兴趣爱好也能帮助我们找到对自己有利的圈子呢？其实很简单：兴趣爱好一直是把人联系在一起的一条有效的渠道，比如说旅游，那些喜欢旅游的人总是能找到很好的旅友。就像喜欢下象棋之人总是能快速找到棋友一样。当然，这些有着共同兴趣爱好的人通常会分散在不同地方、不同的行业里面。他们的收入各有高低、年龄各不相同、所处的社会阶层也不尽相同，这就意味着和这些人交往，摆在自己面前的将会是各种各样不同的人脉圈子。只要我们敢于再往前走一步，找到对自己有用的圈子就不难了。

综观那些人脉非常好的人，其中很大一部分人都有自己独特的兴趣爱好，这不仅仅是个人身上的一个标志，而且也是结交人脉的一个契机。

5. 邻居

邻居和我们总是“低头不见，抬头见”，难免会有一些联系，一来二去，关系熟了自然成了朋友。俗话说得好，“远亲不如近邻”，良好的邻居关系比其他的人际关系更容易开展，对我们的帮助或许会更加大。

有一对夫妇，每次在他们不得不搬家时，都会做两次较大的拜访活动，第一，拜访即将迁入居住地的新邻居们，了解新邻居是些什么人，以及他们可能给自己带来的人脉资源，这还可以让他的新邻居了解，他们的邻居中又要增加一户什么样的人家；第二，夫妇俩还要拜访老邻居，告诉他们自己将搬迁到何处，以便以后及时联系。

如果我们从没有关心过我们的邻居，那么我们就像一个坐在金矿上自己却还不知道的人。那么从今天开始，善待你的邻居，积极从邻居的人脉

资源中找到对自己有利的圈子。

6. 网络

互联网可谓是近年来人气最高的媒介了，它真正让人体会到了“地球村”的魅力，越来越多的人借助互联网聚集人气，创造财富。当然，网络在为我们提供方便的同时，也在无形当中给我们提供了各式各样的人脉圈。只有我们需要，完全可以通过网络找到。特别是借助于诸如 QQ、MSN 之类的即时聊天软件，很快就能找到我们需要的人脉圈子。

用分享理念拓展人脉圈

当两个人分享一元钱时，每个人只有五角钱；但当两个人分享彼此的人脉圈时，他们各自就可以拥有两个圈子。

我们把自己的给别人，别人把他们的给我们，这就是一种分享的理念。扩展人脉圈最有效的方法，就是与别人分享自己的人脉圈资源，并且分享对方的人脉圈。那么几个人脉圈会聚在一起，所能产生的力量是无法估算的。这就是“1 +1 >2”的道理。

一个人的人脉圈能有多大？非常有限！但是，如果我们能和圈子中的人物分享彼此的圈子，我们的人脉圈就会迅速扩展，成倍地增加。换言之，大家彼此分享人脉，任何圈子的界线都不是固定的，随时敞开。那么人脉就会源源不断地来到自己的身边。

刘睿是一位公关经理，由于自身性格和工作的关系，他可以称得上是一位人脉达人。某个周末的下午，刘睿和他的朋友田华在远洋饭店碰面，田华介绍刘睿和饭店的经理 Linda 认识，Linda 的外形相当出众，身材高挑、长发、谈吐优雅、迷人风趣。Linda 就像许多在餐饮业服务的人一样，也是位好人缘的人。

见面不到十分钟，刘睿就知道他们彼此会变成好朋友，因为他们的观点完全契合。

Linda 听说刘睿经常因为工作的关系举办晚宴派对，她说："我们为什么不试试在我们的饭店举行晚宴呢?"

于是刘睿环顾了一下饭店，心想：如果能在这么时髦的环境举办一场宴会的话，将会是件多么令人难忘的事啊，或许 Linda 和我可以合办一次社交派对。所以他便简单地提议。

"Linda，我们可以一起合办下个月的晚宴，在你们饭店办派对，我们一人提供一半的宾客名单；宴会费用彼此均摊，这就可以让彼此省下很多钱，而且我们还都可以认识很多有趣的新朋友，一起合办可以让派对更成功。"

Linda 答应了，结果他们合办的这次晚宴效果空前的好，商业界与娱乐界的人士共聚一堂，既有趣又有意思。他们不只为朋友介绍了一群领域完全不同的新朋友，而且大家在派对中互动频繁。

这种分享彼此人脉圈的方法如今已经被广泛应用于各领域，尤其在国外很多政客都是拓展人脉的高手，这是他们赖以成功的法则之一。他们往往拥有所谓的"主办委员会"，由其各领域的支持者组成，他们负责将这位政客介绍给自己圈内的朋友们认识，以扩大他的支持群体。一般较有威望的政客都有一个集医师、律师、理财师、大学生等组成的主办委员会，他们在自己的专业领域内规划派对和活动，让他可以接触到自己的朋友圈子，这也就可以称其为一种分享人脉圈的极佳范例了。

要想更好地和别人分享彼此的人脉圈，我们必须注意的是最基本的一条：分享圈子必须能让大家彼此受益，让参与者都能达到双赢。

当别人和我们分享他的圈子时，一定不要忘了感谢对方带我们进入这个新圈子，在任何他们帮忙张罗的场合都要好好致谢。绝对不可以忘记他

给我们提供的引荐。另外，我们还需要绝对尊重对方的圈子，因为尊重对方的圈子就等于尊重对方自己。

分享圈子时，还有一个有关效率的问题，如果我们分享的对象是一位“天生好人缘”的人，那么通过圈子，便可以一下就认识数十甚至上百位的新朋友，进而大大提高我们拓展自己人脉圈的速度。

在分享彼此的圈子时须遵循三个简单的基本原则：

(1) 和我们分享人脉圈的人必须和我们拥有彼此对等的人脉交流关系；

(2) 我们必须信任与我们分享圈子的对象，他们与我们人脉圈的互动，也反映了我们的为人；

(3) 分享也应该有限度，即绝对不能让任何人拥有我们完整的人脉圈清单。否则，很可能被我们圈子中的人踢开，得不偿失。

分享应该是在特定的场合、情境、目的之下进行的，我们要仔细思考我们分享的对象将如何利用圈子，以及自己想如何善用他的圈子，这样才能对彼此有所帮助，让分享的作用达到最大。

快速打入别人的圈子

要想扩大自己的人脉圈，就必须要打入别人的圈子。当然，任何一个圈子都是一个潜在的团体，我们要想成为这个团体中的一员，除了需付出努力之外，还需要讲究一些技巧：

1. 遵从这个圈子的游戏规则

既然一个人脉圈就是一个潜在的团体，那么这个团体要想健康运行，就必须有一套自己的游戏规则。所以，在我们打入这个圈子之前，首先要搞清楚它的游戏规则是什么样的，该注意些什么，有哪些方面要特别注重。比如，这个圈子中的人一起吃饭总是采取 AA 制，那么我们在和他们一起吃饭的时候，就不要抢着为别人付钱，也不要等着别人给自己付钱，否则很容易陷入尴尬。

2. 必须调整自己的心态

我们之所以要打入别人的人脉圈，最终的目的还是非常功利的——获得成功的资本或跳板、别人的帮助等。可是在交往的过程当中，我们并不能把这种心态表现出来，不要让别人觉得我们是一个过于功利的人，否则别人就会有意无意地躲开我们，那么我们的目的也就无法达到了。

3. 找到圈子里的核心人物

每个圈子里一般都有一个核心人物，他是这个圈子中的资深人士，圈子里的其他人熟悉他，并且信任他，他几乎认识这个圈子里的每个人。要想快速打入这个圈子，找到这些人也是一条捷径，他们对我们的帮助之大甚至超出我们的想象。当然，在找到这些人之后，如果能通过这些人把我们介绍给那个圈子中的人，自然也是一个有效提升自我的快速之道。

那么，如何找到这个圈子中的核心人物呢？很重要的一点就是多打听，多拜访。先打听到名号，然后再想办法去接近。和这些人见面的时候，我们应该把谈话的焦点集中在对方本身或者业务上。因为这些人大多事业有成，往往自我中心倾向严重，他们会更愿意谈论自己和自己的事业。所以在与他们会面时，投其所好是要牢记的，尽量给他们留下一个深刻的印象，让对方产生“认识我们、喜欢我们、信任我们”的感觉。

下面是几个我们在和对方会谈时很有启发性的问题，针对不同的对象，我们可以选择最恰当的问题进行发问，促使对方开口畅谈。

问题1：你是怎样开始创业的？

问题2：你工作中最大的乐趣是什么？

问题3：你和你的公司能够在众多竞争者中脱颖而出，有什么秘诀吗？

问题4：给准备涉足商海的人提些建议，好吗？

问题5：如果你相信你的事业永远一帆风顺的话，你想为它做些什么？

问题6：这些年来，你的职业生涯中发生了哪些显著的变化？

问题7：你认为你从事的事业前景如何？

问题8：讲一讲你工作中遇到的最奇怪或者最有趣的事情好吗？

问题9：你有什么提升业绩的诀窍吗？

问题10：你希望人们怎样评价你的工作信条？

千万不要小看这些问题，它们能帮助我们在短时间里接近对方，快速打入对方的圈子。

4. 主动帮助对方

当你和对方建立了信任后，如果你能对圈子中的某些人说："我可以在做业务的同时，顺便向我的客户推荐一下您的产品/公司……"大多数人在与人交往时往往只想到对方能够为自己做些什么，你却能想到帮他什么忙，这是多么与众不同啊，他一定会对你刮目相看，成为你的客户也说不定。而事实上，向别人招揽生意的最好方法就是你为对方介绍生意和客户。更何况，如果下次遇到合适的情况，对方也会把我介绍给他的客户，无形中，你的人脉资源就扩展了不少。

5. 直接提出请求

如果经历了以上几步，你发现还是没有打入对方圈子的话，不妨直接向对方提出请求。比如，你可以直接告诉对方："您能介绍几个朋友让我认识吗？""你可以把我介绍给你的朋友吗？"

总而言之，利用这种方法，你就能成功打入你想要进入的圈子，不过这些都是需要你下工夫才能办到的，需要你投入大量的心血，你不仅要努力为自己着想，同时还要努力为他人着想。每个人都有能力成为那个牵线联系的人，你自然也不例外，也许有一天你就成为了自己所在圈子中的核心人物，等待着别人主动来结识呢！

让名片为自己引路

名片是我们身份的代言人，在人际交往中，一张名片传达着“我愿意和你交往”的意思。别人向你索要名片说明对方很愿意与你认识，愿意与你交往，你把名片送给对方，就是对人家热情的回报，这也是一种礼尚往来，是主动交流的一种体现，是通往人脉王国的第一步。在集会上、在交易时、在旅途中，彼此交换名片，不仅仅互留了联络方式，还体现着你的身份，表现着你的个性。运用得当，受益匪浅；运用不当，不仅无益，而且有可能给你带来负面效果。因此，使用名片也是一种艺术。

在世界推销大师乔·吉拉德的眼里，名片是一件非同小可的利器，他常常提着1万多张名片去看棒球赛，而且当比赛进入到最高潮时，他就会兴奋无比地站起来，将手里的名片大把大把地撒向空中，让自己的名片在空中漫天飞舞，这竟然能为他销售出更多汽车创造很多机会。

名片可以说就像他的钱包一样，哪天他要是忘记带了，就会觉得不自在，所以，就算是吃饭结账时，他都不忘在付小费的时候，赠给对方一张自己的名片；而且在个人寄送信件和明信片的时候，也会顺带附上一张自己的名片。乔·吉拉德说：“我在不断地推销自己，我没有将自己藏起来。我要告诉我认识的每个人，我是谁，我在做什么，我在卖什么，我要让所有想买车的人都知道应该和我联系。我坚信推销无时无刻不在进行，但是很多销售人员往往意识不到这一点。”

毫无疑问，名片为他持续地积累人脉资源立下了“汗马功劳”，也为他赢得了空前的成功，他一生总共销售了13001辆车，最高单月销售纪录为174辆，平均每日售出约6辆。这些记录自他1978年1月宣布退休后，至今未有人能打破。

所以，很多已经成功的人在讲述自己成功之道的时候，都会提到名片

的重要性，以及名片管理的重要性。在名片使用中，以下几点需注意：

1. 礼貌接递

对下一步要联系的业务人员，或对你感兴趣的人，要主动把名片递过去，表示愿意与对方认识交往。在递给对方名片时，要注意对方的地位、身份以及双方的关系。一般来说，名片有三种递法：

其一，手指并拢，将名片放在手掌上，用大拇指夹住名片的左端，恭敬地送到对方胸前。名片上的名字反向自己，使对方接到名片就可正读，不必翻转过来。

其二，食指弯曲，与大拇指分别夹住名片递上。

其三，双手的食指和拇指分别夹住名片的两端奉上。

以上三种递法，都避免了“尖锐的指尖”指着对方的禁忌，其中尤以第三种为最恭敬。

2. 增加名片印象

说起名片，大多数人可能都有过这样的经历，即每隔一段时间整理名片时，往往会看到名片却忘记了持有人是谁，脸与名片根本对不上，然后你就顺手往废纸篓里一扔了事。如果你的名片是这种结局，你一定会很难过，所以，你一定要想办法让对方珍惜你的名片。最好的办法就是在递名片时，说一两句令人难忘的、幽默的话，增强收名片人对你的实时印象，只要他还记得你说的那句话，就不会忘记你，也不会扔掉你的名片。还有一些技巧性的办法，如把名片制作得新颖别致一些，或者喷上一点香水等。

如果你给了对方名片，一定设法让对方也给你一张。一般在你给了对方以后，对方会主动给你。如果对方没有给或者忘了给，你可以主动向他要。

3. 尊重对方的名片

在接到对方的名片以后，要很认真地拿在眼前看一看，并重复一遍名片上的“名字+职务”。一定要把后边的职务读出来，如“王总经理”，不要只读名字。要对对方给你名片表示感谢，然后，很郑重地把名片放在名片夹里，或放进上衣口袋，这也是对自己的尊重。千万不要把对方的名片随手扔在桌上，或拿在手上摆弄着玩。

4. 礼貌拒绝对方所要名片的要求

在索要名片的人当中，也许有你不信任的人，或知道这人不重声誉不可靠，就要想办法拒绝，但不要太明显，不要伤及对方面子。你可以找借口，如“名片不够了，下次再送”，或告诉对方：“我们很熟，就不客气了，正好今天名片忘带了。”

5. 对名片进行管理

这里的管理主要包括三个方面。第一，对名片进行分类管理，比如，按照地域、人脉资源的性质来分类，因为只有明确分类，我们才能在最关键的时候，以最快的速度找到需要的人。第二，时常温故名片。在工作间隙，生活之余，不妨翻看一下你得到的名片档案，适时问候，保持联系，让对方感受到你的存在和对他的关心和尊重。毕竟只有平时多“烧香”，急时才有人愿意帮助你。第三，定期清理。每隔一段时间，就将你手边所有的名片与相关资源作一次全面性的清理，依照重要性、使用概率、数据的完整性等因素，将它们分类，把那些确定不需要的名片清理掉，以防浪费自己太多的时间。

总而言之，名片虽小，学问可大。它是我们通往人脉王国的通行证。用好名片，就等于给自己指明了一条成功之道。

为计划列个“寻人表”

计划，是身在社会当中的我们经常会遇到的字眼，很多人不知道，我们在人际交往的过程中，也需要和它牵扯上关系。这是什么意思呢？说到

底，就是根据自己未来的计划来甄别哪些人是可以交的，而哪些人是暂时不用交的。计划，是我们在人际交往过程中，慧眼识人的一个重要组成部分。只有我们具备计划，才能真正辨别清楚我们要交的人“长什么样”。

那么，在具体实践中，我们该如何根据自己的计划列出“寻人表”呢？总的来说，要做到以下几点：

1. 明白自己计划的类型

不同的计划所需要的人是不同的，要想通过计划找人，首先必须要明白自己的计划是属于什么类型的。例如，如果是工作晋升的计划，那么你所需要结交的就是一些“位置”比你高的人，如你的上司、其他公司的老总、一些大客户等，只有他们能够帮助你获得晋升。同样的道理，如果你的计划属于创业计划，那么你所需要的人脉更多的则是倾向于各行各业的“人才”，特别是本行业的精英、先驱人物。因为一旦我们真的开始创业，那么他们对于我们的指导和点拨对于我们来说则是非常重要的。甚至很有可能他们中的某一个或者几个人就是我们的贵人。贵人扶一步，胜过我们自己走十步。

2. 分解计划，按步骤找人

在明白自己的计划类型之外，第二步要做的就是分解计划，然后根据分解出来的每一步骤去寻找自己所需要的人脉。这是什么意思呢？我们不妨来举个例子：

创业，可以分为以下几个步骤：

第一，寻找创业方向。这个时候，你所需要寻找的人就比较复杂，无论是已经成功的老板，还是和我们一样正在寻觅突破点的人，都是我们结交的对象。甚至是街头的一些小摊小贩，只要对我们的创业有帮助，都应该结交。这个时候，一定要避免一个交际误区：轻视一些小人物。在我们身边，有很多人之所以创业成功，就是因为得到了一些小人物的帮忙、点拨，才有了灵感，继而获得了成功。

第二，创业筹备。此阶段涉及的事情很多。比如，许可证的置办、资金的准备、场地的准备、人员的准备等，都需要周边人的帮忙。那么在这个阶段，主要的交际方向就应该是在这些方面具备优势的人。比如，资金雄厚的大老板、出租写字楼的人员、本行业的顶尖高手等，都是我们结交的对象。

第三，开始经营。在开始经营的过程当中，也有很多人需要我们去结识。比如，本行业的一些大客户、自己的同行、有着客户资源的业务员、善于管理公司的管理人士等。只要能找到这样的人，新诞生的事业才能茁壮成长。从这一角度来说，人脉不仅仅是一种交际，更是事业的一种养料，只有充分拓展我们的事业才能有所发展，有所提高。

第四，走向壮大。在事业走向壮大的过程当中，既需要更多的客户需求，也需要各种人才的协助。以公司为例，除了需要客户之外，还需要有能力的管理人才、推销人才、谈判人才、公关高手、解决问题的能手等。那么在明白了自己的需求之后，就能快速有效地找到我们应该结交的人士，尽情地去和他们打交道了。

3. 适时改变结交方向

计划是不断变化的，那么我们的人脉扩展也是不断变化的。我们无法也不能长期在一个领域交际，更不能一辈子只认识一种人，这是万万不行的。所以说，在改变计划的同时也要懂得改变结交的方向，这样才能以最快的速度找到自己最需要的人才，为自己的事业添砖加瓦。

4. 人际交往要有前瞻性

所谓前瞻性是指一些人脉暂时可能用不上，但并不表示以后都用不上。那么这个时候，我们就应该对这些人脉进行备份、储存，以便要用到的时候，能够拿得出，用得上。其中，名片的储存就是一个比较重要的方面。

有计划才会有成功。要想成功，不仅仅需要一个完美的计划，还需要

为我们的计划列一个“寻人表”，根据这个表来找到自己想要结交的人，这无疑是积累人脉一个非常有效的办法。

善于容忍别人的小毛病

在人际交往的过程当中，往往会发现对方身上有一些小毛病。遇到这种问题，很多人都会选择痛斥对方一顿，或者默默地离开对方，不再和他交往。那么这样做是不是正确的呢？自然不是。如果我们那样去做了，不仅会伤害对方的心，而且会损害自己的人脉，给自己造成无法挽回的损失。再退一万步来说，谁的身上没有一些小毛病呢？如果我们一遇到小毛病就退缩、和对方断绝关系，那么我们又能找谁做自己的朋友呢？

胡雪岩当时有个生意伙伴叫庞二，是上海某丝行的老板。庞二丝行有个档手叫朱福年，此人有些心术不正，并且自私自利。胡雪岩与庞二已经联手，他觉得这票生意一旦做成，庞二与胡雪岩的联盟就将牢不可破，自己在庞二生意上所占的分量就要受到影响，而最终将要受制于胡雪岩。

出于保住自己地位的目的，他在这单生意中吃里爬外，暗下绊子要将生意搅“黄”。本来胡雪岩与洋人几番谈判，已经定好了价格，他却自己私自找到洋人，让洋人尽管杀价，他说胡雪岩是一个空架子，做丝生意的本钱都是借来的，需要尽快脱货求现，经不起拖延。他甚至告诉洋人，说新丝已快上市，胡雪岩怕新丝上市之后陈丝跌价。因此，无论洋人开出什么价格，他也会出售，因为他要将自己的陈丝尽快脱手。这样一来，早先谈好的价格，洋人也不认了。

朱福年就是这样一个吃里爬外的小人。除此之外，他还是一个自私自利的小人，这一点表现在他挪用东家的本钱做自己的生意上面。这种做法，行话叫做“做小货”，就更显出他的不地道。他在钱庄开了一个私人户头，不时将庞二用于丝行周转的资金，或者收回的货款，先存入自己的账号，周转完自己的生意，再调回公家户头，以此自营谋利。

“做小货”是生意场上做伙计最忌讳的事情，也是所有商家最痛恨的事情。因为“做小货”是拿东家的银子来运作，赚了钱归自己，而亏本却是亏东家。

就是这样一个人，胡雪岩也不愿意敲他的饭碗。当庞二得知朱福年在生意上捣鬼，并且知道他的账目不清，要彻查他的时候，胡雪岩甚至还护着他。在查出朱福年的问题以后，胡雪岩也没有揪住不放，而是开诚布公，告诉朱福年，过去的事情都不必说了，自己做生意一向抱定有饭大家吃，不但吃饱，还要吃好的宗旨。所以，他绝不肯敲别人的饭碗，不过做生意跟打仗一样，须得同心协力，人人肯拼，才会成功。他甚至向朱福年表示：“你要看得起我，将来愿意跟我一道打天下，只要你们二爷肯放，我欢迎之至。”

那么胡雪岩对于朱福年这类人见人嫌的小人为什么还要怀有大度之心呢？这是因为胡雪岩发现了此人的长处：

长处一——他是一个生意好手。如果他不是生意好手，当初庞二就不会让他在上海全权主事。事实上，在胡雪岩介入庞二的生丝生意之前，庞二在上海的生意被朱福年打理得井井有条，而且也不断地有所扩展。

长处二——朱福年有廉耻之心。这是最重要的。胡雪岩相信朱福年不会执迷不悟，也还是一个能够“打掉牙齿往肚里咽”的有廉耻的人。

正是因为这两点，胡雪岩终于收服了朱福年，让他死心塌地地跟着自己，帮着自己做事。

大度容人在这个社会是必不可少的，因为每个人的个性、习惯很多时候都是我们所看不顺眼的，但是我们又不得不和这些人打交道，怎么办？最好的办法就是容忍别人的这些小缺点，主动宽容对方。那么，如何做到

宽容呢？总的来说有以下几点：

1. 心态要把握好

交际时，把握心态非常重要。为什么这么说呢？因为如果你没有把握好心态，势必会对对方产生一种偏见，或者对其缺点斤斤计较，而对其优点则心存嫉妒……一旦出现这种情况，交往也就无法再继续下云了。

2. 要有豁达的心胸，忍让的心境

看到别人的小缺点、小错误时要懂得宽容和忍让，不要以此当作别人的小辫子，紧抓不放，更不能当面斥责对方的错误和缺点、不给对方留面子。遇事时，站在对方的立场，他人的角度想一想。若能做到容人之言，容人之事，不计前嫌，则是宽容的最高境界。对别人的小错误、小过失不要斤斤计较。

3. 不要有权力的傲慢和知识的偏见

如果人家叫你领导，你就会隐隐约约产生一点权力的傲慢。如果是法官、工程师、医生、老师，你多多少少会有点知识的偏见。人一有了学问就会有偏见，人一有了权力就会傲慢。努力克服这些，你就会变得大度。

坚决剔除自私自利只会找麻烦的人

我们周围也许有很多朋友，他们与我们有亲有疏，有近有远，有甜有苦，但我们是否都了解他们的真心呢？

有一个朋友向我们借一笔钱应急，我们倾囊而出，因为相信友情的真挚，我们没有让对方给我们打欠条。不久后，我们因为某种原因，需要一部分资金，因而前去索要对方的欠款，而我们也相信对方已经有了偿还能力，但令我们气愤和吃惊的是，对方矢口否认曾经借过我们的钱。面对这种情况，我们对自己的朋友有何感想？

或者是这样的一番情景：我们和一个朋友都是跑同一产品的销售员，

不同的是，我们为甲厂服务，而我们的朋友却为乙厂服务。某一天，我们和朋友同时获悉某大企业急需大量我们所推销的这种产品，于是我们同时前往该企业进行洽谈，为了友情，我们相约对方的订货量每人分一半，也好向自己的企业有个交代，反正一半的数量也非常大。通过洽谈，该企业觉得我们所推销的产品都符合要求，而且同意了我们一人分一半订货量的建议，三方协商于某时订正式供货合同。届时，我们如约而至，但该企业却说早已与人签订了合同，而供货方正是我们的朋友所代表的企业。

我们希望友情能够永久，能够越经患难越显真诚，但是友情还是经常遭到无情的践踏和破坏。是我们的友情不值得珍视吗？不！是实际利益让那些人丧失了良知！社会中的人越来越复杂，而我们也要努力使自己能够适应这种变化。我们会无比怀念困厄之中朋友伸过来的坚实的手臂，也同样不会忘记自己付出的真挚友情被某些人无情地遗弃，甚至加以利用。我们珍视真正的友情，同时也要有效地防止某些人对友谊的不良企图、利用或者欺骗。

那么，我们怎样才能做到这一点呢？那就是，“害人之心不可有，防人之心不可无”。对那些缠在我们身边的朋友，我们要充分了解他们的内心，特别要看清以朋友的名义随时准备利用、加害我们的人，洞悉他的意图，才能不为“朋友”所伤。

如果我们一时无法确定一个人是敌还是友，而对方又一直将自己的感情掩藏得非常好，那么就给对方充分的时间和空间表现自己。时间是判断一个人对我们的感情真假的最好凭证。不管对方多么擅长伪装，多么擅长掩饰自己的感情，他（她）也会有失误的时候。对方的失误，是我们最好的契机，抓住了，对方便会渐露端倪，并最终露出狐狸尾巴；如果我们无法抓住，或者一直在寻求与对方共同表演的机会，那么我们不但无法看到对方的感情，反而会变成对方眼中的透明物。

如果我们足够细心，就能从别人对我们说话的态度上判断他的真心，从而将人群加以区分。记住，如果我们足够老练，如果我们细心体会，不管对方多高明，我们都会有制敌之术，从而免受伤害。

如果我们能够很好地修炼自己，提高自己的洞察力，那么就能更好地穿透对方的心灵，寻找到自己真正的能够肝胆相照、患难与共的朋友。

虽然说每个人都有自己的长处，交朋友可以吸收别人的长处，但这些话都是相对的，而非绝对。因为每个人都有自己的缺点和不足之处，有些缺点是可以原谅和宽容的，但有些缺点是不可原谅的。我们周围的朋友有着一些不可原谅的缺点时，与他们交往，还得多加提防。

1. 酒肉朋友

现在有些人喜欢结交酒肉朋友。周围有些人乍看有很多朋友，其实都是一些酒肉朋友，整天吃吃喝喝，一旦真的需要帮忙了，却都跑得无影无踪，因此酒肉朋友是靠不住的。

酒肉朋友是贪利之人，处处贪小便宜。他们是以钱财论亲疏，说得严重一点，是“有奶便是娘”的卑贱小人。他们交朋友图的是“利”，有利可图则与我们亲近，无利可图则与我们疏远。酒肉朋友不长久，有还不如没有。交一百个酒肉朋友还不如交一位志趣相投的知己。

2. 两面三刀的朋友

俗话说：“人心隔肚皮。”有些人居心不良，当面一套，背后一套，对这样的人应慎而又慎，更谈不上与之结交为朋友了。

至于某人是不是两面派，如果没有先见之明，在短时间内是很难分辨的。这样的人当面说的都是一些忠贞不贰的话，表现出的是忠诚老实相，其实是用心险恶、图谋不轨。

具有两面派性质的人善于搬弄是非。在我们面前说别人的坏话，在别人面前说我们的坏话，不闹出矛盾，绝不罢休。因此，两面派不可交，不然我们就会吃大亏。

3. 太注重个人利益的朋友

世界上不可能有完全不为自己打算的人，这是一个人所共知的生活常识。但一个明事理、有道德的人，不可能只想到自己，不顾脸面地为自己牟私利。那些只考虑自己、只想到个人利益的人，最易伤害的不是跟他生疏的人，而是和他比较熟悉、比较亲近的人。因为和生疏的人本来就没有来往，他想跟人家计较是没有条件、没有基础的；而熟悉、亲近的人和他有较多的接触、交往。在接触和交往中，他们为了个人利益，处心积虑、想方设法占熟人的便宜。为了一点蝇头小利，他们甚至不惜背叛亲友。这样的人，如果把他当作朋友，便会吃亏上当，给自己带来麻烦。

4. 鸡蛋里挑骨头的朋友

这种人的特点是看什么都不顺眼，看什么都不如意，看别人不是这里有问题，就是那里有毛病，他们能在最完美的东西中发现不完美，在没有问题的地方找出问题，能在让人尊敬的人身上发现不能让他满意的蛛丝马迹。他们表面和我们关系好像不错，但是只要一转身便可能伤害我们。

5. 忘恩负义的朋友

滴水之恩，当涌泉相报，这是做人的基本常识。如果与知恩不报、忘恩负义的人为友，就等于是自掘坟墓。例如，有人收养了一个孤儿，花了几十年心血，孤儿上了大学，找到了很好的工作。收养者年老重病在身，看病住院耗尽家资，便让自己的孩子到孤儿处借钱，这个忘恩负义的人知道老人的病无法看好，只给了恩人的孩子 500 元，且对恩人的孩子说："今后不要再来找我！"这样的人，敢和他交往吗？

我们不一定要有很多朋友，却一定要有真正的朋友。将那些别有所图的人挑出来，远离他们，把这类人当作朋友，只会深受其害。如果不能避免与之交往，平时就要多加提防，以免受害。

第九章 既要主动出击，也要守株待兔

与人交往，既要保持自我本色，懂得等待的智慧，更要敢于开拓，与他人保持良好关系，创造高品质的人际关系网络。唯有如此，你的人际关系网络才会越来越完善，才会在生命中遇到更多的贵人。

消极被动的人不会有好的人脉关系

不管你是否承认，现在的社会已经成为一个处处存在着竞争的社会。在这个大环境下，只有有准备的人才能脱颖而出，只有有准备的企业才能获得大发展。因为有准备才会有机遇，机遇往往都是只喜欢那些有准备的人。

一个叫包克的美国青年，从小立志创办杂志。由于他树立了这个目标，才发现了一个机会。这个机会实在是微不足道，令人不屑一顾。一天，包克看见一个人打开一包纸烟，从中抽出一张纸条，随即把它扔到地上。包克弯下腰，拾起这张纸条，那上面印着一张著名女演员的照片。在这张照片下面印有一句话：这是一套照片中的一幅。烟草公司敦促买烟者收集一套照片。包克把这个纸片翻过来，注意到它的背面竟然完全空白。包克感到这里有一个机会，他推断：如果把附装在烟盒上的印有照片的纸片充分利用起来，在它空白的那一面印上照片上的人物的小传，这种照片的价值就可大大提高。于是，他就找到印刷这种烟纸附件的平板画公司，向这个公司的经理推销他的主意，最终被经理采纳。这就是包克最早的写作人物。他的小传的需要量与日俱增，以致他得请人帮忙。他于是要求他的弟弟帮忙，并付给每篇5美元的报酬。不久，包克还请了5名新闻记者帮忙写作小传，以供应平板画印刷厂。

包克竟然成了编者！最后他如愿以偿地做了一家著名杂志的主编。可想而知，如果包克没有当主编的志向，那么他绝对不会发现纸烟卡的空白竟然是一个机遇。

有准备者一定会领先别人一步，这一点也许有的人不太相信，但这的确是事实，因为机遇都喜欢有准备的人。有些人认为老天对自己不公平，为什么自己会与别人相差万里？这并非不公，因为每个人都有机遇，只是他们没有做好准备，让机遇白白地流走了，如果机遇可被每个人轻而易举地得到，那么这种机遇便显得没有多少价值了。

常言道，机会偏爱有准备的人。一旦建立了属于自己的人脉网络就绝不要轻易说放弃，并且注意身边发生的事，关爱朋友和亲人，也许在不经意间就能遇见让你成功的机会。这就是说在你的人脉网络中，只要你善于抓住每一个机遇，每一个人都会成为你的金矿。

新索音乐企宣资深经理曹子杰是台湾资深乐评人，Music 华语音乐部企宣资深经理。生活中的他除了音乐还是音乐。大学第五年就进入世界五大唱片公司之一的 BMG 担任制作，闲时写乐评，在 Pub 打碟。为台湾引进欧西另类音乐，颇具影响力。2003 年 8 月来到北京，在全新环境中挑战人生最大转变，开拓大陆市场，同时拓展更广阔的人际空间。

从曹子杰身上得出的人脉经验总结如下：

通常，在南方，比如上海，假如没有钱，做事情就很难。但如果在北方，比如北京，没有钱照样可以办大事。这里靠的就是关系，就是人脉。假如你关系铁，人缘广，很多事情可以请人来帮忙，钱反倒在其次。在这

里，人脉可能成为决定你成败的关键。要在工作中更上一层楼，这是必修的功课。10分的工作，其中有9分是做人，1分是做事情。

那么在日常的人脉交往中，我们该如何才能抓住每个机会呢？不妨从以下几点入手：

1. 记住，所有人都可以是朋友

与所有人沟通，都要把他们当作朋友。素昧平生或者关系浅淡的人，并无义务在你需要的时候帮助你。假如有求于对方，就要用婉转的易于接受的方式提出。首先寒暄，聊大家都关心的事情，最后在不经意间带到你的请求。无论谁，即使地位再高，也要在交往的过程中把对方视作朋友，如此请人帮忙会比较顺利。

2. 交往要随机应变

要有点“见人说人话，见鬼说鬼话”的本事，不能永远都用同一种方式说话。这点新人尤其应当注意。应对不同的人，要有不同的方式。否则稍不注意，就很容易得罪人。有了这样的意识，遇到人就会自动将他们分类，形成自己的一套待人处事逻辑。在北京这样的国际大都市工作，每天都有可能遇到来自世界各地不同背景的人，周遭环境变化很快，需要很强的应变力。

3. 时刻懂得推销自己

无论是谁，要想抓住更多的机会来获得人脉，就要时刻懂得推销自己。很多人认为在专业领域工作，不需要人脉，这样的观点是错误的。以唱片业为例，最专业的就是制作人和词曲创作。除非你很大牌，会有人自动求上门，否则不善交际的你，难道真的奢望酒香不怕巷子深？越专业的人，往往越内向，越需要找专门人士帮忙推销自己，比如经纪人，否则关门在家写了100首好歌，也没人听得到，白费工夫。

4. 要成功就要跟成功人士在一起

要想成为什么样的人，就要跟什么样的人在一起。要成功，就要多跟成功人士在一起。通过他们，你可以结识更多这样的人。所谓物以类聚，等你身边都是这样的人，人脉也就拓展开来了。不能永远只待在知心好友的圈子里。假如想在事业上有所突破，某种程度上就得牺牲掉一些个人空间，多跟事业伙伴接触。

美国人哈默，被人们称为“万能博士”，不是因为他知识渊博，而是因为他善于随机应变，创造机遇，抓住机遇。哈默从小就显示出极高的经商天赋，他18岁时接管了父亲经营的濒临破产的制药厂，进行了一系列大刀阔斧的改革后，在极短的时间内使其扭亏为盈，他因而名声大噪。当时，成为全美唯一的百万富翁大学生。那些能自然营造丰沛人脉关系的人，总是能成就非凡的事业。他们从不轻易放弃到手的每一个和别人建立关系的机会，甚至在没有机会时去创造机会和别人接触。他们无时无刻不在为了拓展自己的人脉网络而努力着。

抓住每一个可能的机会去建立人脉网络，也不要轻易放弃自己的人脉网络。这样你的人脉资源就会越来越多，你的网络也会慢慢变大。

机遇是来也匆匆，去也匆匆，抓住了它，便大有作为，错过了它，便一事无成。因此面对机遇时，要转动大脑，灵活善断，将机遇牢牢抓在手中。随机应变的含义谁都懂，但应用起来却要大费脑筋，需要具有丰富的知识，敏锐的洞察力，正确展望趋势变化，审时度势，果断决策。这是一项综合素质，需要刻苦修炼，一旦对它运用自如，就能在商场中驾驭风云，使自己处于主动地位，立于不败之地。

别一个人用餐，吃饭是套牢他人的“幌子”

请人吃饭是中国最常见的交际方式。拒绝吃饭邀请，如无正当理由，会被认为很无礼，邀请者也会觉得你很不给面子。对于有些工作来说，很多重要的事情并不是在办公室解决，而是在饭桌上敲定的。

餐桌是一个绝佳的交流平台。宴会上，陌生人可以由不熟悉变得熟悉，一直心怀戒备的人之间也可以变为知己。即使是简单的一餐，有时也能收到事半功倍的效果。但是，在整个宴请过程中，如果有一个细节出现问题，也有可能会使请客吃饭的好事变成坏事。

宴请的确是交往中促进人际关系发展的重要手段。请客吃饭不仅能够快速缩短宾主之间的距离，消除双方的误解，而且可以扩大视野和交际圈子，并能通过宴请展示一个人的素质和才华。据报载，目前一些大型企业招聘员工时，甚至将“吃”作为一种辅助面试手段，把“看吃相”时掌握的信息，与业务经验考察等要素结合起来，综合分析一个人的能力。

严之孝是一家公司的经理，在他做每周工作计划的时候，总是先确定他要同哪些人碰面，然后每个礼拜安排四个早餐、四个午餐和两个晚餐来跟他个人或业务目标有关的人士聚餐。他们可能是客户，也可能是朋友，或是某些有影响力的人，也有可能是潜在客户或其他人。

严之孝经常会在街上遇见想和对方一起吃饭的人。所以严之孝在最忙的时候，一周会有四次正式的早餐、午餐和两次晚餐。因此严之孝一个星期无论多繁忙，仍然有10次访谈机会，在很愉悦的时间里加深顾客对他的印象。

这是极其简单却非常有效的方式，毕竟，自己吃饭也需要时间。另外，在饭局上，人的情绪大都会非常好，更容易结成深厚的友谊。拜访10位客户需要花费许多时间，可是运用饭局拜访客户，在还没展开正式工作之前，就已经见了10位客户了。

大部分像这样的吃饭机会，不但可以进一步加强与客户现有的关系，甚至能得到某些很有价值的回报。试想，如果你每年有200次机会和一些可以为你生活带来正面效果的人一起吃饭，可以想象你在个人和事业两方面，一定都会有所成长。

在中国，饭局从来就是人们不可或缺的首选交际方式。只要办事，先想到的就是有没有关系。据权威机构研究，世界上80%的谈判是直接或间接在饭桌上完成的。饮食在衣食住行中占有重要的位置，每个人都需要吃饭。那么，该如何运用饭局进行人脉销售呢？

1. 选择好饭局话题

饭局不论是早餐、午餐还是晚餐，只要是用餐时间，都不应讨论生意上令人不愉快的话题。靠一顿宴请来说服犹豫不决的立法人员投自己一票历来就是美国白宫政客惯用的手法。这一顿饭可以是非常考究的早餐，可以是室外的午餐，也可以是精致的晚宴。但不管是哪一种，每当有重要的提案要投票时，毫无例外地，银质餐具便搬了出来。即使是政治捐款，也总是和吃东西联系在一起。

2. 传递必要的信息

作为社交方式的饭局，可以向对方传达不见外的信息。代表亲近，即认同对方是自己人。要办的事先不说，先吃饭，这样，就没有势利感，办不成事可以喝酒，也不伤面子。

3. 懂得饭局礼仪

在社会交往和现实生活中，通晓宴请礼仪，提高社交礼仪的能力和加强社交礼仪修养，是大有裨益的。宴请好比开展一项公关活动，是要精心设计和做好准备的，要考虑到方方面面，比如宾客的级别、风俗、喜好等。合理策划，会令宴请锦上添花，更能使你在宴席之中占据主动，从而带动事业取得更大成功。

4. 不可急功近利

如果你还没有开始这样做，不妨好好考虑一下。不过在饭局上，不可太过急功近利。你的谈话一定要有弹性，不要做硬性推销。重要的不是你做了什么，而是人们对你的这种方式是否接受。最好的方式是不要谈工作，吃饭就是吃饭。有句古语说得好："吃人的口短，拿人的手短。"只要他们答应和你吃一顿饭，下次你找他合作或帮忙时，他就不好意思拒绝

你了。

5. 适当介绍自己

你在席间要适当地谈你自己的情况，谈你可以为对方带来什么好处，可以提供什么样的优质服务。

6. 做好一些细节

在私人活动中，宴请时的细节也会给别人很多印象。想要安排一顿宾主满意的饭菜，吃得既美味又舒适，并非易事。在整个宴请过程中，一些人们经常会犯的细小错误却有可能成为你交际中的“败笔”，因为，这些看似微不足道的缺点会使人对你的智慧和能力产生怀疑。所以，任何人想要培养个人魅力，都应该远离这些“错误”。

遭遇分歧和矛盾时如何做到不伤情分

社会生活越发展，人与人的关系越密切，对文明的要求也就越高；就越要求人们自觉地把自己放到社会中，想到自己言行的社会影响，想到社会和他人。在现代世界已经越来越成为地球村的趋势下，人们的一举一动都与社会、与他人有着密切的联系。从这一点上看，随着社会的发展，交际也就有了越来越重要的意义。

交际艺术是一门大的艺术，它不仅表现在对自我的了解上，而且要求学会换位思考，设身处地地想想别人的需求。只有我们知晓对方的需求，才能找到合适的交际手段，让交往更顺畅，让生活更舒坦。

所以，在与他人交往或生活时，每个人都应该换位思考一下，尽可能体会并满足他人的需要，这样才能建立好的人际关系，减少交往中的摩擦和困难，达到双赢的效果。

“己所不欲，勿施于人”，几千年来被人们称为维护良好人际关系之黄金定律。简单地说，即推己及人。用孔子的话说，这是可以终身照着去做的实行仁德的方法。所谓己所不欲，勿施于人，就是用自己的心推及别人；自己希望怎样生活，就想到别人也会希望怎样生活；自己不愿意别人怎样对待自己，就不要那样对待别人；自己希望在社会上能站得住，能通达，也要帮助别人站得住、通达。总之，从自己的内心出发，推及他人，去理解他人，对待他人。推己及人和中国民间常说的将心比心、换位思考等，指的都是一个意思。

换位思考，就是指一方做出涉及另一方的决策时，不但考虑到己方的情况，而且还能站在对方的立场上思考问题。换位思考的实质，其实就是设身处地为他人着想，即想人所想，理解至上；换位思考是人对人的一种心理体验过程，从而与对方在情感上得到沟通，为增进理解奠定基础。当然，换位思考和“己所不欲，勿施于人”不完全相同，前者包含着更多的理解和宽容。

多换位思考，弄清对方的需要，会使你成为受欢迎的人。如果别人对某件事的看法与你的看法完全不同，你不必责备别人，应该明白，别人之所以那么看，一定有他的原因。换位思考，站在别人的角度找出原因，就相当于拥有了了解他的行为、个性的钥匙。

生活中要多对自己说：“要是我站在他的位置上，我会怎么想？我会有什么感觉？我会有什么反应呢？”那么你就会摆脱不少的苦恼，无形中增加了你们的交往指数。

一个不会站在对方的立场考虑问题的人，永远都不知道别人需要什么。所以，大多数情况下，他们所做的努力都不会给自己带来太大的益处，有时反而适得其反。许多生存条件优越的人、人缘较好的人通常都善于站在别人的立场上去考虑问题。因此，他们利用这一点既可以制约别人，也可以帮助别人。这种思考方法让他们在人缘的维护问题上做到了恰到好处。

换位思考是同情、关怀与利他主义的基础，具有换位思考的人能从细

微处体察到他人的需求。这种同理心，往往能让你赢得人心，获得巨大的人脉资源财富！

小张和小王都是比较优秀的销售代表，在公司里的业绩都居于领先。但是最近小张比较消沉，小王发现了小张的情绪，下班后，便找小张聊天。小张郁闷地说："我用了整整一周的时间做客户关系，但销售量还是不高。"

如果你是小王，这个时候该怎么说呢？是建议他怎么做还是点头倾听，抑或与他一起抱怨销售政策？

事实上，同样的一句话中可以蕴涵不同的感情成分，可以有抱怨、无奈，也可以表达建议、征求建议、希望指导等。能听懂他表面上的意思是初级水平，关键是要听懂他说的话背后隐藏的内容。看看用不同的说话方式表达的意思是否相同？

小张说："唉，我用了整整一周的时间做客户关系，也不知道怎么搞的，销售量还不高。"这样说表达的是无奈，小张已经没有办法了。

小张说："看来是麻烦了，我用了整整一周的时间做客户关系，销量还是不高。"这样说，可能他是想换客户了，可能小张心中已经有候选客户了。

小张说："说来也奇怪，我用了一周的时间做客户关系，销量还是不高。"这样说，可能是想从你那里得到建议，希望和你探讨一下，怎样解决这个问题。

在实际的工作中，我们应该给出一些建议，但首先要明白对方话中的意思，这是通过他的表达方式和语气可以感受到的。

如果对方仅仅是向你抱怨，你却给出了建议，小张心里会怎么想呢？他可能会想：就你厉害，就你能，难道我不知道怎么做业务吗？你又不是销售经理，上个月你的销售额还没我的高呢，凭什么指导我？而表面上他会附和你的说法。你好心帮他，反倒落下了坏印象，是不是很不划算？

有时候，别人向你抱怨，其实他心里已经知道要如何去做了，只是想找个机会发泄一下而已。这个时候，他需要的是一个倾听者，你只要听他说就行了，适当的时候也可以发表一些无关痛痒的看法。

如果你发现对方十分无奈，对自己的能力有所怀疑，这个时候你需要分析一下目前的情况，提出一些解决问题的策略，使对方得到一些安慰。

如果你感觉对方想放弃这个工作了，那么表示他已经没有信心了，他需要你的鼓励，你要告诉他你的经验。

不管是什么情况，关键是你要站在对方的立场上思考问题。站在别人的立场上思考问题需要一种能深入体察对方内心世界的能力。一般来说，只要不涉及原则性的问题，都要谅解对方。谅解是一种爱护、一种体贴、一种宽容、一种理解。千万不要担心这会使你失去你所拥有的。即使目前看来你有一些损失，但是从长远看来这对你还是有利的。换位思考要求我们将自己的内心世界，如情感体验、思维方式等与对方联系起来，站在对方的立场上体验和思考问题，从而与对方在情感上进行沟通，为增进理解奠定基础。它是一种理解，也是一种关爱！

松下幸之助先生就是从这个故事联想到自己：如果我站在对方的立场看问题，不就可以知道他们在想什么、想得到什么、不想失去什么了吗？他凭借这条哲学，使得与合作伙伴之间的谈判突飞猛进，人人都愿意与他合作，也愿意做他的朋友。

多站在对方的立场考虑问题是理解人、尊重人的重要技巧，人们考虑问题和事情习惯以自我为出发点，但由于人们的世界观、价值观、人生观

及所处的时间、空间和其他条件不尽相同，对同一件事情的看法可能会有很大的差异，因此，人们在沟通中，难免会存在意见分歧，为了更好地理解人、帮助人和关心人，多从对方的角度看问题是必要的。凡事跟别人互换角色进行思考，必能增进了解。在人际关系的建立和维护中，若双方发生了矛盾和分歧，就能通过这种换位思考的方式迅速缓和甚至消除矛盾，重归于好。

事实胜于雄辩，出实绩，少争辩

我们和人谈话，在得理时尽量宽容一些，冷静地思考一两分钟，说几句体贴的话，就可以减少别人受到的伤害，别人自然会心悦诚服地接受你的“真理”。毕竟世界上没有一模一样的想法，与人交往，意见不合是正常的事情，出现争执也避免不了。有些人，他们头脑灵活、牙尖嘴利、好胜心极强，无论是工作、生活中只要是有人与他们发生冲突，不管是大事小事，不管有理无理，都要与对方展开争辩，不把对方说得哑口无言、低头认输绝不罢休。他们言语犀利，善于抓住别人语言漏洞，所以在辩论中往往占有绝对的优势。

争强好胜者未必掌握真理，而谦让的人，原本就把出人头地看得很淡，更不消说一点小是小非的争论，根本不值得称雄。你若是有理，却表现得谦逊，往往能显示出你的胸襟之坦荡、修养之深厚。人人都有自尊心，人人都有好胜心，若要联络感情，与人说话应处处重视对方的自尊心，适度成全对方的虚荣心。下面故事中的女士就很明白这一点：

有一男子虚荣心极重，当与未婚妻商量自己的婚礼时，未婚夫要买一套昂贵的西服。此时正值他们闹经济危机，会过日子的未婚妻自然不肯答应花这笔钱。争吵中，未婚夫赌气地说：“人家喜顺的老婆金花多大方，早就给自己的丈夫买了那种名牌的西服，哪像你，小气鬼！”做未婚妻的她不愿争论，只是故意夸张地说：“可是，他有你这样帅吗？我敢说，他如果也有你这样帅，根本就不用买什么名牌西服装饰了，你说呢？”未婚夫一听幽默的赞语，不觉转怒为笑，一场争吵也随之止息了。

在这里，作为未婚妻的她没有与爱人争执，更没有居高临下地教训他，而是巧妙地为自己的未婚夫戴了一顶“帅高帽”，从而达到了节俭过日子的目的，还制止了一场本没有休止的争吵。

有些人总是仗着自己实力强大，说话得理不饶人，把人说得面目全非，批判得一无是处，好像身边的人个个都不如他，结果招来了他人的嫉恨与疏远，也在无形中为自己种下了祸根，这是很不值得的。

当两个人争辩相持不下的时候应该怎么办呢？是继续无谓地争吵下去还是就此停止呢？继续吵下去当然是不可取的，一些观点上的争论说停止就可以停止，然而还有些事情需要着实解决，停止争执并不一定会带来解决方案，所以一方说服另外一方是必须要的结果，这个时候往往会陷入两难的境地。

争执陷入了僵持，往往是因为谁也说服不了谁，没有谁的道理绝对占了上风。这个时候，我们就要学会灵活变通了，应该适可而止地终止自己的强辩，换一种说法，让彼此都有思考和回旋的余地。如果无休止地进行没有实际意义的争论，只会让事情变得更加糟糕，而不会利于问题的解决。

麦肯铎将多年政治生涯累积的经验，归结为一句话：“靠辩论不可能使无知的人服气。”美国历史上最伟大的总统之一林肯，有一次斥责一位和同事发生激烈争吵的青年军官时说：“任何决心想有所作为的人，绝不肯在私人争执上耗费时间。在跟别人正误参半的问题上，你要多让一步；如果你确实是对的，就少让一步。总之，不能失去自制。与其跟狗争道，

被它咬一口，不如让它先走。就算宰了它，也治不好你的咬伤。’

因此，你自己要权衡一下：你宁愿要那样一种字面上的、表面上的胜利，还是别人对你的好感呢？如果你不能做出正确的抉择，那么争论的结果大多都会使双方比以前更相信自己是绝对正确的。在实际的效果上，你也是最终赢不了争论的。你要是在争论中输了，当然你就输了；如果你赢了，还是输了。因为对方的论点被攻击得千疮百孔，被你证明得一无是处，那只能会使对方自惭形秽并使他的自尊心受到伤害，甚至会由此对你产生怨恨。也正因为如此，潘恩互助人寿保险公司立下了一项铁的规则："不要争论。"在他们看来真正的交流不是争论，人的心意是不会因为争论而改变的。

试图以无休止的争论来征服对方的想法是愚蠢的，这样只会让人敬而远之，而不会让人真正地信服你。

不发火，你就无敌于人脉圈了

卡耐基说：你赢不了争论。要是输了，当然你就输了；如果赢了，还是输了。与人争论，并不是在向人显示自己的威风，确认自己的口才，而是在树立"敌人"，即使获得了胜利，却证明了你并不是一个会做人的人。一旦争论产生后，大多数人都会竭尽全力地去维护自己那些并不全面、不成熟的观点。对那些没有必要深究的问题，给予了太过于隆重的对待，激化了矛盾。

很多时候，我们不妨站在他人的立场考虑一下问题的实质，此时你会发现一个深刻的人生哲理：一场狂风暴雨般的唇枪舌剑过后，我们得到的仅是心烦意乱，而失去的却是彼此间亲密的情分，以后的日子里友谊将出现一种隔膜，彼此将日渐疏远。值得让你"庆幸"的是，你又多了一个"敌人"。俗话说得好："多个朋友多条路，多个敌人多堵墙。"敌人树立后，人们将会有更多的机会锻炼“锐不可当”的口才了，也为自己的成功道路设置了一个障碍。

当双方意见不统一时难免会产生口舌之争，然而会做人的人，不会让这种争执成为破坏友谊的蛀虫，他们总是以和为贵，给对方一个台阶下，从而赢得别人的好感，提高了自己在他人心目中的地位，人缘自然而然就会提高。

所以，会做人的人，在遇到此类事情时总会留一手，即使自己绝对占理或者是口才出类拔萃，他们也不愿步步进逼，在关键时刻不妨用一下怀柔政策，松下幸之助就是这么做的：

著名的日本松下集团的创始人松下幸之助1894年出生于日本和歌山县的一个农民家庭。后来因为父母不幸相继去世，他9岁时便辍学当起了学徒工糊口。在他24岁那年，创办了松下电气公司，历经重重磨难之后，终于变得兴旺发达。后来该公司每年的纳税额占了大阪市纳税总额的60%，松下幸之助连续十几年都是日本最高的纳税人。1965年，日本政府将“二等旭日重光勋章”颁发给松下幸之助，以表彰他做出的杰出贡献。1981年，当松下幸之助87岁时，日本天皇又颁发给他“一级旭日大绶勋章”。他的形象，以日本实业家的身份，第一个登上了美国《时代》周刊的封面。到了1985年，松下电气公司的营业额超过三万亿日元，在日本同行中居第一位，在全世界居第三位。松下幸之助如此卓越的表现，被日本同行尊称为“经营之神”是理所应当的。

但是又有多少人知道，松下幸之助批评人的时候可是毫不留情，甚至是破口大骂。他的下属中不知道有多少人被他骂得无地自容。可是被骂的这些人中却没有人因此而辞职，反而更加积极地围绕在松下幸之助的周围，这是不是很让人费解？松下幸之助的员工对他既敬又怕，但是员工们

一般都不会因为忍受不了松下幸之助的批评甚至是责骂而选择主动离职的。这是为什么呢？让我们看看下面一则故事吧，看完之后就会了解松下幸之助到底有什么秘密武器让部下矢志不渝地跟随了。

有一次，松下幸之助下属工厂的一位厂长做错了事情，给公司造成了损失。松下幸之助被激怒了，只见他暴跳如雷，破口大骂，并边骂边用握在手里的火钳猛敲火炉，以致最后把火钳都敲弯了。他高亢的声调与语言的恐吓交织在一起，致使那位厂长支撑不住晕厥了过去。松下叫人用酒将这位厂长灌醒，然后温和地对他说："这火钳是为你而敲弯的，你可以回去了，但是必须弄直它才能够走。"这时候那位厂长才松了一口气，只是把火钳弄直而已，这种体力上的惩戒是愿意接受的。

松下幸之助叫秘书护送厂长回家了。秘书送厂长回家后，又按松下幸之助的吩咐，偷偷地告诉厂长的太太千万要注意厂长的举动，以免他一时想不开，做出冲动的事情来。

过了几天后，松下幸之助就给这个厂长打电话："先前的事情已经过去了，以后好好干就行，另外我那根火钳你给弄直了没？"

"弄直了，弄直了。"那边传来了厂长的笑声。

听到这样的话，松下幸之助又对这位厂长进行安慰。这件事情使那位厂长既为自己的过错而内疚，又对松下的恶骂感到害怕，因此拼命地工作，并且尽量减少纰漏。一段时间之后，他终于成为一个优秀的管理者。他很感谢那个火钳，那是松下幸之助给他的台阶啊！

班杰明·富兰克林曾说："如果你老是抬杠、反驳，也许偶尔能获胜，但那是空间的胜利，因为你永远得不到对方的好感。"争论对双方来说，没有任何的好处，遇到与人发生争执时，不妨努力使自己去了解对方，给他人留足面子。争论无益于友情，在争论的影响下产生的结果只有两种：

一是越来越坚信自己所持观点的正确性；二是基于面子即使意识到自己错了，出于维护自尊心也不会向他人低头认输，加之人固执的本性，双方距离会越拉越远，争论结束也就意味着友情破裂。

如果想在批评中改变他人的看法或态度，那么你错得就有些太离谱了。每个人都有一种发自内心的优越感，总将自己的优越性带进与人相处的社交当中，造成一些不必要的麻烦。有些人能够主动服软给人一个台阶下，有人会认为很没有面子，而且也很懦弱。其实，这种看法完全错误，那并不是懦弱的象征，而是一种难能可贵的、可供称赞的美德，是一种超越“优越”与“权威”的体现，也是在社会上即将取得辉煌成就的前兆。

双方的立场已不再是开始时的并列，而是为双方共同设立了一个“敌人”。普天之下有一种人人缘最好，就是关键时刻给他人留个台阶下的人。

混社会，要诚信，不要轻信

人与人之间的交往，要想提高自身魅力，还得看重“诚信”二字。孔子说：“人而无信，不知其可也。”人缺少了诚信，就像车子没有了轮子一样，根本就不能行走，就更不用说用来装载货物赶路了。俗话说得好：遵守诺言是一项重要的魅力储蓄，而违背诺言是一项魅力透支。一个人要想提升自我的魅力，就必须做到“言必信，行必果”，否则不但无法有效交际，结识新的朋友，即便已经来到我们身边的朋友也会选择离开。

在当今社会，诚信依旧是我们所看重的人的品质之一。一个人，只有具备诚信，才能和别人交往，才能受到大家的尊敬和爱戴，当你付出了诚信，将来别人也会用诚信回报于你！

老洪的儿子是一个品学兼优的孩子，只是苦于家里并不富裕，考上了一所名牌大学却没钱上。后来有一个外地姓李的老板找到了老洪儿子学校的校长，说他愿意资助老洪的儿子去读书。不过前提是，他必须要到老洪的家里先看看才能做决定。

校长和老洪都答应了李老板的请求。李老板按照约定的时间在校长的陪同下来到了老洪的家里。老洪的家里真的很穷，一眼看过去除了四面墙壁之外什么都没有，连一件像样的家具都没有，更不用说家用电器了，他们家坐的是破板凳，吃饭大家都把碗端在手里，连一张桌子也没有。可是，李老板在周围转的时候，他却发现老洪房屋周围有几十亩竹林子，一眼望去，尽是密密匝匝、修长修长的竹子。

最后，李老板发话了，他对校长说："我不想资助这家人了，因为他们家的家人很懒，屋的四周就是大片大片的竹子，怎么也不砍来做几张椅子坐?"校长一想："是啊！老洪也真够懒惰的，怪不得生活过得这么艰难。"校长把情况告诉了老洪，并埋怨说："这么多竹子，你也不砍几条做几张椅子！"

老洪一听，差点急了说："这可不行，这万万使不得！"李老板连问为什么，校长也一直在旁边催问。最后老洪娓娓道来：

原来，这片竹林是一个王老板在8年前包下这片洼地种的，当时王老板叫老洪看管，十年后，所有卖竹子的收入对半分。眼下，九年已经过去了，老洪一家人也都一直遵守着这个约定，虽然王老板已经有很多年没有来了，可是老洪一家人也都还坚守着这个约定，不敢有丝毫的懈怠，现在差一年就满十年了，他更是要坚守这个约定，这是一个承诺，更是一个人人格的见证。校长一听，心里立刻"腾"地上来一道火说："你怎么这么死心眼啊？砍几条竹子做椅子怎么算乱砍呢?"老洪说："我砍几条，别人也砍几条，那这竹林也就没了，我这个人的诚信也就都没了。"李老板在旁边一直都很安静地听，嘴角慢慢地露出了少有的笑容。

后来，老洪的儿子还是读上了大学，资助人还是李先生，而李先生就是先前与老洪有一个“十年之约”的王老板的女婿。之前的那一切只不过是王老板对老洪的考验，是商人的狡诈和老洪老实守信的较量。老洪最后胜利了，他不仅为儿子赢得了继续深造的机会，也为自己的人生增添了光辉的一笔。

对于老洪的信守承诺，很多人都能明白这就是“诚信”，也正是因为诚信，老洪在获得别人尊重的同时，也结交了更多的朋友，人脉的扩展自然不在话下。

有一点需要注意的是，当你在倡导诚信的重要性的同时，别忘记要注意把握诚信的对象。若是你坚守纯正诚恳的待人之道，对伪善奸诈的小人说出的话也信以为真，那么就会使自己付出不必要的代价。

俗话说，害人之心不可有，防人之心不可无。一味地讲究诚信，却不分真伪，那么就是愚蠢的行为了。时刻为自己留有一定的安全距离，并不违背诚信之道，要知道，小人是永远不会为自己的话负责的。

人们常说，最可怕的敌人就是你身边最好的朋友。所以女人在结交朋友时，一定要留个心眼，即使是自己最好的朋友也不要百分百地信任他。虽然这与你的交友原则并不一定相符，但却可以在人际关系越来越纷繁复杂的现代社会保护自己。

很多人都知道“朋友多了路好走”的道理，大多数人都能以诚相待、互相帮助，但也有一些人，为了达到自己的利益，不惜利用感情投资来骗取对方的信任，达到自己不可告人的目的。

也许有时候，你的身边会出现这样一些人，他们平时与你的接触并不多，可是突然之间，他们却对你表现得过分热情，想方设法和你套近乎。面对他们的热情攻势，你也许不会拒绝，反而会以同样的态度对待他。可是往往在这个时候，你才更要留心，也许他们的热情是对你别有用心。

耳聪目明结善缘，留心你的陌生贵人

一个人总要接触很多陌生人，才能完成自己的事业。成功的交往，也许会给你带来好运。但愿你能借此走近陌生人，做厚了你的缘分，做成了你的事业。刘佳的命运就是从认识一个陌生人开始改变的：

刘佳在自己还是学生的时候，由于家乡离学校比较远，没有同学、朋友做伴，经常自己一个人坐火车回家。火车上随处可以遇见很多陌生人，但是因为是陌生人，大家往往都沉默着坐到终点。

有一次，刘佳在火车上遇到另一个回家探亲的年轻人，不知道哪根“弦”搭错了，居然主动和对方搭讪。对方也很友好地与刘佳攀谈起来。后来才知道，这个年轻人原来是和自己在同一个城市上学。由于路途遥远，他们也聊了很久，一起聊到分别的时候，最后留下了各自的联系方式。

后来，高刘佳两届的那个年轻人进了一家外贸公司。而两年之后，刘佳就要毕业了，他本想回家乡工作。但是在回家的火车上，又遇到了先前的年轻人，这个时候年轻人已经是部门经理了。虽然两年过去了，他们都没有再见面，电话号码存在手机里也一直没有去拨打，但他们依然还是像上次一样交谈，而且更加没有拘谨的感觉。这时，对方的一席话使得他下定决心留在了大城市。

而且后来在这位“朋友”的帮助下，他很快应聘到了一家公司。刘佳凭着自己的勤奋和努力，做出了不菲的业绩。现在他已经被一家跨国公司挖走了，担任人事主管职位。

陌生人里面也可能有自己的“贵人”。贵人可能会在我们不熟悉的一些地方出现。其实没有人天生就有一大堆朋友，大部分朋友是自己从陌生人中创造出来的。

有人说，熟人只是自己画的一个小小的圆，而陌生人则是小圆外的无数大圆。事实上，这些大圆才是你交际的难点所在。要想接近陌生人，表现出自己的友好、自信、同情和体谅，是非常重要的，因为绝大多数人都喜欢那些喜欢他们的人。

其实，你想要把陌生人变成朋友，首先，要在心目中建立一种乐于与人交朋友的愿望，心里有这种要求，才能有行动，如果你想请一位倾慕已久的女孩去参加一个舞会，或者请一位心中爱慕已久的姑娘去看一场话剧，但却对自己缺乏信心，没有关系，鼓足勇气，试试看，说不定，你一次就成功了。不要害怕开口，不要怕别人笑你。

社会在变化，世事在演化。你交朋友的过程，都是由陌生到熟悉，再到深交的过程。因此，只有善于把陌生变成熟悉，你的朋友才能越来越多。

一般谈过几句就冷场的现象经常在与陌生人初次交往的过程中出现。很多人之所以不愿与陌生人交往，主要顾虑就是怕无话可说，或是话不投机。遇到这种沉默的情况，就要巧找话题，打破沉默。具体该怎样和陌生人相处，和陌生人交往呢?

首先，找到一个好的切入点。因为刚刚相识的人毕竟还有些生疏感，交谈难以深入，这就很容易冷场、沉默，出现令人难堪的局面。沉默冷场是由于双方相互不了解，不知怎样谈才比较得体，或是一方提出的问题难于回答，使人越发拘谨，影响了交谈顺利进行。找的这个切入点并不一定得介绍自己的姓名，因为初次见面，这样做对方可能会感到唐突。切入点很多，给对方一个接近的线索，从自己的工作切入，或从自己的兴趣爱好切入，待时机成熟，人家也会相应告诉你他的有关情况。

其次，不要对人带有偏见。尽管只是刚刚见面，或许有些人你可能不

太喜欢，可是也应该学会与他们谈话，要知道当时的第一印象不一定就是准确的。人都有以自我兴趣为中心的习惯，如果你对自己不感兴趣的人不瞥一眼，一句话都不说，恐怕也不是一件好事。你可能被人认作是骄傲，甚至有些人会把这种冷落当作侮辱，从而产生隔阂。即使我们对于那些不喜欢的人，也要学会尊重，即使当不成朋友也不要为自己树敌。

再次，如果遇到那种很羞怯的人，我们应该主动出击。可以跟对方先谈些无关痛痒的话，让对方心情放松，以激起他（她）谈话的欲望。和陌生人谈话的开场白结束之后，特别要注意话题的选择。要尽量避免那些容易引起争论的问题。为此，当你选择某种话题时，要特别留心对方的眼神和不经意的动作。一旦发现对方有不悦的情绪，就立即转换话题交谈。但是由于时间限制或主意改变，对方不想再谈下去了，往往会以沉默不语来暗示。这种情况就要准确判断，适可而止，一般不要让对方为难，再继续交谈反倒会让对方厌恶你。

最后，和陌生人谈话过后，要比对老相识更加留心对方的谈话，因为你对他所知有限，更应当重视已经得到的任何线索。此外，他的声调、眼神和回答问题的方式，都可以揣摩一下，以决定下一步是否能向纵深发展。一旦你愿意和对方结交，就要一步一步设法减小彼此的心理距离，使双方融洽相处。

陌生人不是过客，也许他会是我们人生之中的重要人情筹码。所以，我们要有心地去结交一些陌生人。